CHUANGXIN CHUANGYE ANLI FENXI

创新创业案例分析

主 编 康桂花 姚 松

中国林业出版社

内容提要

本书以我们身边的创新创业案例为出发点，通过学习创业者的经验，提升学生分析问题和解决问题的能力。全书共有24个案例，内容涉及当前互联网时代制造业、服务业、农业、IT、游戏、旅游、电子商务等多个行业，还涉及创业者品质、双创意识、双创思维、双创精神、双创能力、环境分析、机会识别、资源整合、经营运营等多个方面，有利于增长学生见识，综合培养学生的双创素质。

本书可以用于高等院校本科创新创业通识教育课程，作为学生读本使用，也可供高校创新创业教育工作者及大学生创业者使用。

图书在版编目（CIP）数据

创新创业案例分析/康桂花，姚松主编．—北京：中国林业出版社，2019.3（2020.12重印
ISBN 978-7-5038-9964-5

Ⅰ．①创…　Ⅱ．①康…　②姚…　Ⅲ．①大学生—创业—案例　Ⅳ．①G647.38

中国版本图书馆CIP数据核字（2019）第041879号

中国林业出版社

策划编辑：张　佳
责任编辑：张　佳　童仁川　孙源璞
电　　话：（010）83143561

出版发行　中国林业出版社（100009　北京市西城区德内大街刘海胡同7号）
　　　　　E-mail：thewaysedu@163.com　　　　电话：（010）83143500
经　　销　新华书店
印　　刷　河北京平诚乾印刷有限公司
版　　次　2019年3月第1版
印　　次　2020年12月第3次印刷
开　　本　710mm×1000mm　1/16
印　　张　7.75
字　　数　125千字
定　　价　29.80元

编写委员会

主　编　康桂花　姚　松
副主编　程学良　林　敏　罗剑波
参　编　罗阿玲　赵　鑫　魏小琳
李梦洁　王堰琦　陈梓宇
夏继业　杜　丽　王　磊
沈洪科　范凌彤

前　言

“大众创业、万众创新”已经成为这个时代的潮流，全国从上到下都非常重视创新创业工作及创新创业教育，从中央到地方，一系列的措施逐步出台，促进了我国的创新创业教育发展。各高校也在积极推进创新创业教育工作，然而，创新创业教育的目的是什么？创新创业教育应当是精英教育还是普及教育？如果是普及教育，那么我们应当把重点放在什么地方？目前高校的创新创业教育是否有明确的创新创业目标？高校在创新创业教育过程中会遇到哪些问题？这些都值得我们深思。

大学生是创新创业教育的主体对象，然而大学生对创新创业如何理解呢？我的一组学生对全国243所高校发放了近万份调查问卷，并进行问卷回收和统计，调查结果显示：对于创新创业的概念十分了解的学生只有7.75%；对国家和当地政策十分了解的只有8.5%；认为所在学校创业氛围浓厚的只有33.55%；认为个人创业方面的素质能力足够的占7.24%（调查者有成都东软学院2014级信息管理与信息系统专业的黄思梦以及成都东软学院2015级财务管理专业的代新隆、徐诗意、许湉雨等）。从上面的调查结果中我们可以看到，创新创业教育还有很多工作要做。那么，创新创业教育的最核心的目的是什么呢？我们认为，全面提升学生的双创意识、双创思维、双创精神、双创能力等多方面的综合素质才是创新创业教育的基础和根本，一旦这个基础和根本做好，创新创业成果自然而然就会出现。所以创新创业教育应该重视长远的基础工作，当然成果转化也是必不可少的。

《创新创业案例分析》以我们身边的创新创业案例为出发点，通过学习创业者的经验，提升学生分析问题和解决问题的能力。全书共有24个案例，内容涉及当前互联网时代制造业、服务业、农业、IT、游戏、旅游、电子商务等多个行业，还涉及创业者品质、双创意识、双创思维、双创精神、双创能力、环境分析、机会识别、资源整合、经营运营等多个方面，有利于增长学生见识，综合培养学生的双创素质。

本书没有引用很多已经成为巨头的企业案例，多数案例中的企业已经取得了一定成就，部分处于创业前期，很适合当前大学生创业者及初创业者进行学习，案例中创业者都正在创业路上奋斗前行，他们的案例也符合当前的实际创业环境。书中每个案例分成三个部分：案例介绍、案例分析、思考练习。在学生学习案例的过程中通过案例分析模块引导学生进行分析，充分锻炼学生分析问题的能力，同时通过思考练习模块让学生进行发散思考及感悟。本书为创新创业系列教材的第四本，对应课程可以放在大三第二学期开课时使用。

本书的特色主要体现在以下三个方面：

(1)教材定位。本书以提升学生综合素养为目的，为学生创新创业或将来就业工作打下基础。之前学生已经有了一定的专业基础或实践经历，案例分析能够使得学生看到创业者为了创业做了哪些准备，需要具备什么样的素质，经营过程中需要关注哪些问题，国家政策及行业对创业的影响，如何识别并把握机会，如何整合和利用资源等。

(2)内容特色。对在校学生来说，前人的成功也许不可能被复制，但是前人的经验和教训可以供我们参考，可以让我们了解到创新创业或经营管理工作中需要注意什么，容易忽略什么，需要具备什么样的品质与素质，需要在哪些方面努力。

(3)编写形式。本书主要以案例及案例分析为主，可读性强，教学可以充分采用案例教学的形式，也可以采用其他促进学生主动学习的教学方法。

我们希望我们的学生在学习尤其是创新创业的学习过程中，坚持有高追求而不自命不凡、学习认真而不失灵活、理论深刻而不脱离实际、有独立见解而不固执己见、坦陈意见而不否定他人、尊重师长而不一味盲从、团结同学而不随波逐流、勇于创新而不标新立异，最终提升自己的职业素养和创业素养。

本书由成都东软学院康桂花、姚松、程学良、林敏、罗剑波、罗阿玲、赵鑫、魏小琳、李梦洁、王堰琦、王磊、杜丽、沈洪科等老师负责编写，由康桂花负责拟定提纲和定稿，姚松负责统稿。成都市商务委陈莉处长，成都市电子商务协会陈梓宇、夏继业，成都市电子商务企业协会汤梦娜，乐山市就业局范凌彤，以及东软睿道张瀚涛老师对本书的案例收集给予了极大的支持和协助，在此表示衷心感谢！同时也对创业者们表示感谢！你们精彩的案例给我们带来极大的启发，是一笔不可多得的财富。由于时间仓促，纰漏之处在所难免，敬请广大读者批评指正，以便我们再版时详细修改，争取出版一系列让老师满意、学生满意、创业者满意的创新创业教育教材。

康桂花　姚　松

2018年12月于成都东软学院

目　　录

案例一　爱智游：玩转脑力，开发无限

案例介绍

成都爱智游科技有限公司，业务范围：经营研发、销售计算机硬件和提供技术咨询、技术服务、技术转让；计算机系统集成；教育咨询（不含出国留学及中介服务）企业管理咨询；会议及展览展示服务；销售计算机及耗材、办公产品、通讯产品（不含无线广播电视发射及卫星地面接收设备）；网络工程、通信工程设计及施工（工程类凭资质许可证经营）。

上线半年就获5万余次下载量，注册用户超6000人，付费超5000次，月收入维持在10余万元，线下销售签订付费合同金额百万元。取得这样业绩的一款大脑开发型产品，就诞生于坐落在成都市高新区孵化园内的创新型电子商务企业——成都爱智游科技有限公司。

当一年一度的“人机大战”里，围棋新秀柯洁惜败智能机器人Alpha Go，如何最大限度开发人脑潜能，这个在脑科学研究领域热议多年的话题，再次走进人们的视野。回看身边，大脑开发与训练的相关产业方兴未艾，而由爱智游开发的系列产品通过“测评+训练”的课程模式，日益受到追捧与推广。

创业初心：让深奥理论解决现实难题

作为企业创始人，薛贵身上有太多的标签和头衔：北京师范大学博士，中组部首批青年千人计划入选者，“长江学者”，特聘教授，北京师范大学认知神经科学与国家重点实验室985首席科学家、脑与学习科学研究中心主任，中国教育学会脑与教育分会副理事长，国际神经科学杂志*Cerebral Cortex*副主编。其实，在回国任教创业前，薛贵还曾任美国加州大学洛杉矶分校、南加利福尼亚大学两校的心理系博士后研究员和助理教授，仅在*Science*等国际顶级期刊发表论文就达80篇。深厚的学界资历，助推薛贵成为我国大脑功能测评和开发领域的专家。

将自己的研究成果及思考映射到儿童教育中，为儿童教育发展做一点实实在在的事情，这是薛贵创业的第一个初衷。他在多年研究中发现：一方面，人类智力离不开大脑软硬件的紧密结合，青少年时期是人脑可塑性最强的阶段；另一方面，各种不同的教育行为及日常行为都会影响到脑力某一方面的发育，许多日常行为在提升儿童某一方面脑力的同时，也会压制儿童另一方面的发育，70%的儿童存在脑力发育不均衡的问题。

如何提升孩子的脑智潜力，用科学的有针对性的训练方式唤醒孩子沉睡的大脑潜能，让每一位儿童通过训练达到脑力均衡状态、找出包容且自由的学习方式，这是爱智游想要做的事情。

模式初试：让课程体系开发脑智潜力

爱智游以北京师范大学脑认知与科学研究院为技术背景，将国内外权威的脑科学研究成果、心箱室研究成果结合，研发出了这款专注于儿童脑智潜力测评与训练的益智系统。谈及产品发挥效用的机理，研发团队介绍说，脑认知能力测评系统通过衡量儿童智力发育的五个维度，即注意力、反应力、自控力、思维、记忆力，科学测评出大脑发育的程度，根据大脑发育的原理及诸多科学评估方法，从多个方面评估青少年的大脑发育。

薛贵说：“以往的智商测评方式，大多只根据个分数就判定一个孩子聪不聪明，存在很大偏差，爱智游从五大能力及一些‘子能力’入手，全面衡量孩子的状态，进而发现儿童的局部缺陷，弥补在单一维度的不足，有针对性地提出解决方案，从而让儿童的智力得到全面发展。”

在这套儿童脑智潜力训练系统中，爱智游会根据用户的测评报告精准匹配相对应的训练项目，计划每个训练产品在场景、关卡、操作等方面都有大量的科学参数为依据。

“如果我们把人的大脑比作计算机，有硬件和软件，硬件就是大脑核心的能力，比如反应力、记忆力等，相当于电脑运转的CPU，而软件指人的知识掌握和经验积累，即语言、数学等各种技能。如果一台计算机没有软件就无法完成具体指令，但是如果硬件不好，再好的软件也运转困难。”爱智游创始人薛贵解释道。长期重复地训练，学习过程对于孩子来说相当枯燥，难免产生抵触情绪，为了让孩子长期训练，爱智游将训练的课程以游戏的形式进行，每一个游戏都符合儿童心理发展模式，激发了儿童兴趣。

在爱智游产品的家长端，家长还可以自主设置训练时间、训练时长、训练计划，与孩子进行亲子互动，爱智游还定期为家长提供对应的训练报告，实时进行训练信息推送,让家长清晰地看到训练过程中的孩子脑智能力发展变化状况。薛贵说:"儿童期大脑皮层有高度可塑性,通过脑力训练可以在一定程度上提升儿童的脑智能……这就是爱智游在努力的方向。"

成效初显:让爱智游走在行业前列

在薛贵看来,有了好的产品,还应该在市场中检验。他常把美国的经验作为参考:在美国,人们对脑科学的接受度较高,面向各个年龄段的人类大脑训练古法早已规模化和商业化运营。作为多年从事脑与学习领域研究的科学家,薛贵通过研究发现,"上课走神""不认真写作业"等问题很多家长认为是儿童态度的问题,背后的深层次原因实为儿童大脑的发育不均衡,据他测算,国内外脑力发育不均衡的儿童所占的比例高达70%左右。

瞄准了市场,就不缺推广的机会。创业初期,爱智游系列产品就形成了从行业合作、区域合作到学校合作,再到线上推广的完整商业模式。在区域合作上,爱智游在北京、广东、黑龙江三地"攻城拔地":北京有50所小学与之合作,项目被纳入全国重点科技项目"北京市脑计划";在广东的合作被纳入佛山市里水镇与北京师范大学合作的教育质量检测与提升项目,参与学生万余人;在黑龙江先期免费对牡丹江2000余名学生建立实验班进行大脑核心能力的培养与提升,后期将在全市初中以下约十万名学生中进行收费的全面推广……

在学校合作上,爱智游在川渝两地的推广成效明显。根据薛贵的介绍,爱智游目前已经和两地三十余所学校合作,根据不同学校需求提供不同的定制服务,学校深度合作和普通合作两种合作模式都取得了成功;线上推广更是在上线初期就极大提升了大脑课堂的品牌效应,并在积累种子用户上取得较大效益。目前,爱智游已发展超过500万用户、实现销售收入超过1000万元。

案例分析

从爱智游成功的案例中,我们不难看出,一个企业要想走在行业的前列,是多种因素综合作用的结果。

(1)企业创始人在创业的领域具备相当高水平的专业知识。如果你想要创业,你可以是一个专业内行,也可以对行业十分了解或熟悉,如果两者都不具备,那就要慎重思考了。文中提到,薛贵作为爱智游的创始人,身上有太多的标签和头衔。比如,北京师范大学认知神经科学与国家重点实验室985首席科学家、脑与学习科学研究中心主任、中国教育学会脑与教育分会副理事长等。从这些头衔可以看出,薛贵是我国大脑功能测评和开发领域的专家。因此，薛贵在大脑开发与训练方面高水平的专业知识是爱智游成功的一个必要因素。

如果你对某一个领域的专业知识毫不了解就去创业，那么失败的概率会很高。比如你想开一家网站开发方面的公司，自己对编程却一无所知，你就只有请程序人员来帮你开发网站。但是，你自己又不懂编程，就很难把控网站质量的好坏。所以，创业有一个重要的因素：你需要是创业领域方面的专家，是一个能把控住专业局面的人。

（2）社会责任是企业做大做强的基石。薛贵具备很强的社会责任感，是爱智游之所以能够成为行业标杆的一个重要因素。将自己的研究成果及思考映射到儿童教育中、为儿童教育发展做一点实实在在的事情，这是薛贵创业的第一个初衷。研究表明，70%的儿童存在脑力发育不均衡的问题。因此，如何提升孩子的脑智潜力，用科学的有针对性的训练方式唤醒孩子沉睡的大脑潜能，让每一位儿童通过训练达到脑力均衡状态，致力于让深奥理论解决现实难题，这是爱智游想要做的事情。从这一点可以看出，爱智游把解决现实难题这一社会责任作为企业发展的使命，依托其核心业务承担起了可持续的社会责任。

企业的社会责任要求企业必须超越把利润作为唯一目标的传统理念，强调要在生产过程中对人的价值的关注，强调对环境、消费者以及社会的贡献。社会责任是企业的底线，也是企业从“大”到“强”的必经之路，也是企业在市场竞争中立于不败之地的必要条件。

（3）好的产品是企业成功的关键之一。爱智游的成功离不开好的产品。爱智游开发的益智系统结合了国内外权威的脑科学研究成果，有大量的科学参数为依据。弥补了以往的智商测评方式在单一维度的不足，从五大能力及一些“子能力”入手，全面衡量孩子的状态，进而发现儿童的局部缺陷，有针对性地提出解决方案，从而让儿童的智力得到全面发展。

对一个企业来说，产品、销售和服务，都不能成为企业的短板，每一块都会关系到企业的生死存亡。而产品无疑是最关键的一环。产品是销售的基础，好产品更好卖，所谓“酒香不怕巷子深”；产品是服务的底线，好产品可以提高客户的满意度。但是，倘若产品不好，好销售和好服务可能产生恶劣的后果。不好的产品，销售量越大，产生的后果越严重。因为，每卖出去一单都是在砸自己的招牌，会致使企业的品牌形象越来越差。

（4）只有瞄准了市场，才能有有效的推广方式。薛贵发现，“上课走神”“不认真写作业”等问题的深层次原因是儿童大脑的发育不均衡。据他测算，国内外脑力发育不均衡的儿童所占的比例高达70%左右。因此，爱智游的目标市场是儿童，即学生。因此，爱智游将学校作为其推广对象。所以，在创业初期，爱智游系列产品就形成了从行业合作、区域合作到学校合作，再到线上推广的完整商业模式。

思考练习

（1）企业的目标是盈利，履行社会责任是每个企业应尽的义务。但是，有时候盈利和社会责任之间存在冲突。那么，一个企业怎样才能平衡好追求利润与履行社会责任之间的关系？

（2）你知道的市场推广方式有哪些？关于爱智游的线上推广，你能给出具体的推广方案吗？

案例二　德联集团：坚持不懈打造百年老店

案例介绍

徐咸大，德联集团董事长。1984年开始经商，经历过从实业到贸易的转型，但旋即又意识到“实体经济才是根本”，于是在改革开放春风的孕育下萌生打造全球化民族品牌的想法，此后20余年始终致力于实现汽配产品全球化的愿望。他的信念朴素而坚定：借助改革开放这个大好时机做出好产品好品牌，坚定不移地将德联集团打造为百年老店。

年轻时，他是同龄人中的“知识分子”，在集体经济时代，揣着一张高中毕业证，回乡当起了记分员，羡煞一群还在田间地头为工分劳作的旁人。而立之年刚过不久，他却被长辈认定为“糊涂虫”，放弃化工厂厂长的铁饭碗和大好的仕途下海经商，投身改革开放的浪潮寻找远大前程，后者到底能走多远在彼时仍是未知数。后来，他成为带着光环的“佛山第一代企业家”，从创业时“摸着石头过河”到引导汽配行业在佛山集聚，从成功上市开启资本运作到成立车护平台、布局汽车后市场，他用行动践行着改革与开放的时代使命，一手创办出从一个年产值超30亿元、年税收贡献超2亿元的民族企业。

“摸着石头过河”，农村学生成企业家

徐咸大说：“我27岁时就已经是副乡长，如果继续在仕途上谋发展说不定也能有一番作为，但若是辞职，一旦不成功，不仅没面子而且也无回头路可走。所以当时大家都说我‘傻’，但我就是想挑战一下。”

徐咸大1967年高中毕业时，所在的小塘公社西联大队的农民还是以生产队为单位的集体劳动，采用工分制按劳分配生活物资。但当时大队也陆续出现了一些工副业，如眼镜厂、喷油厂、竹器厂、塑料厂、五金厂等。到了20世纪

70年代初,大队从事工副业的已经有200多人,供销有20多人,徐咸大先后当了生产队的记分员和大队工副业的出纳,后来又管过供销社。1978年,随着国家推进农村经济体制改革,大队改为乡,公社改为区,他由民众投票当选为副乡长,分管工业,同时兼任当年兴办的化工厂厂长。徐咸大说:“那个时候挺风光的。第一,当时基层干部权威性比较高,因为经济是集体的;第二,高中生很稀缺,农村比较尊重文化人。”

1983年,佛山开始动员个人承包乡镇企业、土地分田入户,徐咸大萌生辞职创业的想法,但当时心里确实没底,大家都在“摸着石头过河”,谁也不知道改革开放未来的形势会如何。而徐咸大27岁时就已经是副乡长,且管着工业,大权在握,工作稳定,如果继续在仕途上谋发展说不定也能有一番作为,但若是执意辞职,一旦不成功,不仅没面子而且也无回头路可走。所以当时家里人非常反对,领导也挽留了他很多次,以至于辞职报告递交了一年都没批,大家都说他“傻”。

幸运的是,1984年,徐咸大刚辞职就有朋友邀请他一起承包化工厂,他们看中的就是他管过化工厂这段经历,就这样开始了创业之路。20世纪80年代,南海县委书记梁广大敲锣打鼓贺“万元户”的事情在当地引起轰动,对徐咸大触动很大,他说:“当时还是改革开放初期,也是实验期,整个社会、市场还不太认可个体户,个体经济、民营经济规模都很小,但他作为县委书记带头,相当于树立了一面旗帜,让基层干部知道该如何做。他的举动相当于给大家吃了一颗定心丸,让大家了解政策,更加放手去做。”

20世纪90年代后期,改革开放进入稳定期,国家政策明确支持个体可以办企业,这个信息很重要,大家进一步明确发展方向,特别是佛山、南海地区,因为临近港澳地区,信息、思维都走前一步。

德联要做全球化民族品牌

企业家一定要有一个定位,如果决定打造品牌,那就不能一步登天。改革开放带来了观念觉醒,德联要做全球化民族品牌,徐咸大说:“鼓励引进外资,吸收台湾、香港地区的企业回内地办厂,影响非常深远,不仅带来了资金,而且刺激了本地人兴办企业,支持企业打造品牌。德联的成长就是在这样的背景下实现的。”

改革开放以来,国内汽车产业发展提速,大众、宝马、奔驰等众多国外汽车制造商选择在中国建立生产基地。本土品牌也开始崛起,但当时的中国零部件却紧缺,“连一瓶防冻液都要进口”。为了摆脱这一局面,1994年,中国第一个汽车产业政策发布，明确以轿车为主的汽车发展方向，对合资产品有了明确的国产化要求。徐咸大就是在这个时候萌生出“把防冻液实现国产化”的愿望，随后同BASF集团开始合作，由其提供浓缩液，德联再按照配方加工，在本地生产，实现国产化，得到全球认可的同时还大大节约了人力、物力成本。

徐咸大曾说过，“想像欧美国家一样，打造一个全球化民族品牌”。他说：“打造全球化的民族品牌，对国家今后发展非常有意义，可以在技术上不受任何国家的约束，在国际竞争中多一份支撑。但企业家一定要有一个定位。如果决定打造品牌，那就不能一步登天。我给品牌设了两个条件：质量和服务。无论是生产油漆，还是代理、生产、销售养护产品，德联从没延迟交货，哪怕道路塌方，我也连夜驾车将产品送到上海大众公司；无论通货膨胀多严重，我宁愿少赚钱也不要求客户加钱。”

德联上海工厂醒目位置写着“共同成长”，长春工厂写着“诚信创新”，佛山工厂写着“奋发图强”。为什么要设立这样的企业文化？徐咸大说：“因为现在我国国产车制造业得到了显著发展，但进口比例还是更大，所以德联提倡不仅要打造民族品牌，还要奋发图强生产全球化产品。目前，有的目标已经实现，比如玻璃水、车体胶，现在在全中国产量是最高的，得到全球认可，但还要努力。”

时代利好催人奋进，坚信实体经济是根本

佛山重视企业家精神的弘扬，大力鼓励民营企业发展，是从政策、精神上对实体经济的双重支持。政府明确支持民营经济，民营企业家就有信心在佛山地区发展。徐咸大说：“化工厂初建立时是建在河边基围，管理不规范，防洪隐患大，所以我就在20世纪80年代末停了化工厂，转行做小贸易。同时也在农场搞了个小型化工厂，做油漆、乳胶漆，干了几年后整出一个思路：贸易始终是虚的经济体，最终还是要依靠实体经济。”因此，从1996年徐咸大开始尝试与曾经的贸易伙伴、世界最大的化工厂之一的德国BASF合作，生产汽配产品，为上海大众供货。

针对佛山第一批企业家的特点，徐咸大说：“佛山第一批企业家普遍都能吃苦耐劳，具有坚强的意志。企业在发展过程中，总是会遇到各种问题，比如市场开拓、产品销售、资金周转、市场投入，还有行业内部、企业内部管理，以及难以预测的外部市场。而且随着规模不断扩大，压力又会不断增加。所以，企业家第一要能坚持，认为这个行业是对的就要坚持到底；第二是诚信，对客户、对政府、对合作伙伴、对员工都要有诚信，这是最大的价值。‘创二代’们也是如此，要全力以

赴,接好班,做出品牌。对于年轻企业家来说,最大的利好就是年轻,西方很多百年老店都能做出品牌,成为隐形冠军,佛山‘创二代’也要有信心,相信最根本最有发展前途的就是实体经济。要对国家政策、对政府有信心。”

关于经商环境和企业家精神,徐咸大说:“佛山重视弘扬企业家精神,大力鼓励民营企业发展,是从政策、精神上对实体经济的双重支持。政府明确支持民营经济,民营企业家就有信心在佛山地区发展。以汽配产业为例,南海从本世纪开始布局汽车产业,尤其是抓住日系车在广州落户的机遇,把很多零配件企业招到佛山来,并始终注重汽车产业的培育,保证连续性,给汽配产业带来很多机遇,大家非常看好行业发展前景。另外,过去40年的经验已经说明,改革开放是成功的,能让国家强大,人民生活质量提高,经济突飞猛进,所以一定要继续坚持,特别是民营经济占主体的佛山,希望政府能出台更多更好的政策扶持企业发展。”

案例分析

企业家的成功不是偶然的,而是有很多必然的因素导致我们看到了这个现象。

(1)时代的背景和当时的政治经济形势及氛围是徐咸大创业的重要影响因素。当时处于改革开放初期,国家对经济发展的要求是迫切的,很多政策措施都为那一批创业者打下了基础,佛山、南海地区的信息、思维都走前一步。在徐咸大创业过程中,地方的各种环境政策因素也起到了重要的作用。对宏观影响因素进行分析和对机会进行掌握可以说是创业者创业的重要因素,宏观环境一般包括政治因素、经济因素、社会因素、技术因素、环境因素和法律因素等,创业者需要理解这些因素背后意味着什么,能够准确把握时机。

行业环境也是创业者创业需要了解的一个重要因素,徐咸大选择的创业行业,基于南海汽车产业布局,尤其是抓住日系车在广州落户的机遇,把很多零配件企业招到佛山来,并始终注重汽车产业的培育,保证连续性,给汽配产业带来很多机遇。显然,徐咸大抓住了机会,切入了合适的行业。

(2)创业者独特的个人品质。文中徐咸大总结了第一批企业家的两个特点:一是普遍都能吃苦耐劳,具有坚强的意志;二是诚信,对客户、对政府、对合作伙伴、对员工都有诚信,这是最大的价值。这两条是创业者成功的必备品质。文中我们还可以看到徐咸大放弃了在别人看来非常不错的仕途,尤其是在那个年代,个人有目标追求,勇于挑战自我,才是他创业的内驱力,他敢于放弃别人眼里不舍得放弃的东西,没有一定的心胸,没有一定的魄力是很难做到的。

(3)个人的资源积累。从案例介绍中“1984年,徐咸大刚辞职就有朋友邀请他一起承包化工厂,他们看中的就是我管过化工厂这段经历,就这样开始了创业之路”可以看出,徐咸大有积累的资源,资源积累中有一个重要因素就是他的经验,与其说是经验,不如说是能力。因此创业者一定要重视个人能力的成长和资源的积累。

(4)强烈的品牌意识。徐咸大在创业经历中,反复说品牌的经营,当企业从初期的发展逐渐走向稳定,走向扩展,品牌的塑造将成为必然。其实创业者永远在路上,一个强大的品牌代表着企业的生命力,代表着可以走得更远!

思考练习

(1)不管创业也好,经营一个商业项目也好,经常需要对宏观环境、中观行业环境、微观企业环境进行分析,并利用资源、把握机会,你认为环境分析该如何进行?

(2)企业家的品质是创业者创业的核心要素,也和职业工作者的职业化品质有类似的地方,请你比较分析,一个优秀的创业者和职业工作者需要哪些核心优秀的品质?

(3)品牌意识只是企业才有吗?个人需要吗?为什么?个人的能力和资源积累之间有什么关系?

案例三　简洋羊：一种自家的情怀

案例介绍

2018年9月18日上午，品牌创始人徐伟在成都第二绕城高速公路开着车去厂里开产品生产协调会，身边坐着四川羊都文化旅游公司的生产部负责人，这时，空中拉响了纪念“九一八”防空警报，警报声声，催人奋进。他对公司生产部负责人感慨万分说道：“八十多年前日本开始侵略中国，中国人民经过十多年的浴血奋战最终在1945年取得了胜利，任何的成功都是来之不易呀，我们现在为了简阳羊肉汤扎根四川，最后走向全国，乃至世界，简洋羊——扬名天下也要作持久战的心理准备，迎接更大的挑战。”

家乡特色千里之外发声

徐伟，籍贯为四川简阳雷家乡金竹村六组，70后。他在年轻的时候，由于家庭贫困，不愿意再给年纪越来越大的母亲增加负担，从大学里辍学开始创业，从事过中介人、销售员等职业，从2003年起开始在苏州做通信运营商，凭借自己的胆识赚到了人生的第一桶金，在偶然地参加一次简阳市政府招商洽谈会时，无意中聊到家乡的羊肉汤（浓郁鲜香、汤白如奶），他觉得家乡的羊肉汤有自己独到的风味，政府在这期间奠定了坚实的基础，同时结合苏州阳澄湖大闸蟹的发展历程，结合自身谈了一下自己的看法，得到了在座领导的充分肯定，这给了徐伟很大的信心，徐伟在心里暗暗地下定决心要回家创业，并把苏州公司业务做了相应安排。

徐伟联合了高中的几个铁哥们结合简阳的发展机遇谈了谈自己的想法，很快得到了大家的响应，于是迅速成立了四川羊都文化旅游开发有限公司（以下简称“羊都文旅”），创建了简洋羊品牌，徐伟在公司担任总经理、品牌创始人，大家都很信任他，同时让他感觉压力很大，徐伟也在心里想一定要把这件事干出点名堂，不然也对不起自己吹过的牛皮。做品牌，徐伟深知文化的重要性，文化是支撑品牌能走多远的原动力，羊都文旅把简阳羊肉汤的历史典故重新挖掘整理，结合动漫元素做了升级处理，便于网上传播，做这项工作就花了一年左右的时间。简阳羊肉汤原来的消费模式一般是到店消费，如果客人感觉不错再向店家买速冻羊肉汤礼盒，拿回家赠送亲朋好友，与家人一起分享，各家都有自己相对固定的粉丝，这种消费模式持续了三十多年的时间。

互联网打开通畅之门

2015年互联网电商兴起，羊都文旅也看到了借助互联网把简阳羊肉汤卖出去的机会，但是由于简阳羊肉汤缺乏行业标准，缺乏羊文化领军品牌，羊肉精细化加工基本谈不上，还停留在比较粗犷的阶段，产品品质和规模生产都是问题，挖掘产品附加值迫在眉睫，羊都文旅——一家品牌运营管理公司，本着对简阳羊肉汤负责，对品牌负责的态度，下决心一定要解决羊产业发展瓶颈问题，于是联合了几家食品生产企业，说服他们与公司一道研发羊肉汤工艺，在继承传统的基础上发挥各自优势，优化羊肉汤工艺，在羊肉精细化加工上下工夫。2017年年底公司联合合作厂家研发的常温方便羊肉汤成功问世，不加任何防腐剂，保持羊肉汤传统风味的前提下保质期在半年以上，这个问题的解决让电商节约了大量的仓储物流费用，让客户的体验更好、更便捷，扩大了产品的销售半径。方便羊肉汤火锅、方便羊肉汤捞饭等衍生产品应运而生。在产品文化塑造、研发上取得了突破后，公司接下来的工作是积极地解决招商、渠道建设的问题，通过在互联网上推广公司的产品，上半年海底捞找到了公司，充分肯定了公司的产品以及公司在赋予产品文化上的大胆创新突破，海底捞的要求很高，需求量也很大，这让公司全体上下都受到了极大的鼓舞，公司上下一心，一定要拿下这个订单：一是解决入不敷出的现状，实现现金流；二是借助海底捞平台让简阳羊肉汤走出去，让天下食客领略羊肉汤的魔力。公司在商务局领导下，积极与电商巨头京东、当地乐客电商合作，塑造电商冬至狂欢节，来互联网上过一个春意盎然的冬天。

公司四年一路走来，有累也有甜，有理解的，也有不理解的，也有人说“这是政府的事，关公司什么事”，徐伟说：“不管哪个的事，干好才是事。团队凭借敢为天下先的领头羊精神熬到现在着实不易，简洋羊品牌创始人徐伟代表公司感谢创业团队的辛勤付出以及对我的包容，感谢各界朋友的鼓励，感谢哥们股东的信任与支持，感谢家人的理解，感谢这个时代，让我们有机会一起任性一回，干自己喜欢的事，干有价值的事，干正确的事。”

熬汤如酿美酒，在工艺上精益求精，追求极致。熬是在顺流逆流中处变不惊，熬是去除糟粕浓缩精华的过程，熬是当今走在创业路上人的心声，大家一起熬，我们一起期待熬出来的那一天，就像我们的羊肉汤，越熬越香，生活越熬越有滋味。

案例分析

创业有的时候靠的是创业者的一种情怀，有的时候靠的是时代的东风，有的时候靠的是项目本身得天独厚的先天优势。

（1）家乡的情怀是创业的原动力。徐伟选择简阳羊肉汤项目看似源自偶然的招商引资洽谈会，其实这里面有一份家乡的情怀在里面，正是这份情怀成了他回乡创业的原动力。创业的路上有艰辛、有快乐，能做到有情怀才能真正乐在其中，赚钱的动力可以让你做很多事情，情怀可能让你的选择开始聚焦。

（2）创业项目的选择是创业的重要基础。简阳羊肉汤是成都简阳特有的美食，其汤鲜、味美，香气宜人，是上等的补气养生的汤类美食。主要得益于简阳山羊品种的不断改良和羊肉汤制作工艺的不断创新。简阳大耳羊由美国努比羊与简阳土羊杂交形成。独特的品种优势和良好的自然生存条件，铸就了其特有的细嫩肉质。以此作为主要原料的简阳羊肉汤，再加上被列为成都市非物质文化遗产的简阳羊肉汤烹饪技艺，自然汤鲜味美，香气四溢，让人赞不绝口，流连忘返。也正是凭借这独特的味道，2008年简阳羊肉汤才在几万个参赛菜品中脱颖而出，入选“全国30道奥运健康美食”，成为其中唯一以羊肉为主料的汤类菜品。产品有文化、有典故、有口碑，这是徐伟创办简洋羊的基础条件，也是铸就成功的必要条件。

从项目类别上来说，餐饮是一个永远不会褪色的行业，同时也是一个富有挑战性的行业，人们任何时候都离不开吃喝，区别只是在于经营得如何，简洋羊作为羊肉汤的材料供给商也是一样，项目切入得很好，关键在于经营，在于品牌的建设，在于能否长远地可持续发展。

（3）创业者的个人品质。徐伟具有很多优秀创业者的良好素质：一是有对家乡的情怀，对家乡充满了感情，想要使家乡变得更好。二是对工艺创新及品质有追求，近代以来人类文明进步所取得的丰硕成果，主要得益于科学发现、技术创新和工程技术的不断进步，得益于科学技术应用于生产实践中形成的先进生产力，得益于近代启蒙运动所带来的人们思想观念的巨大解放，创新是社会发展不竭的动力，对一个企业也是一样，只有创新才能不断地取得发展。对羊汤工艺进行创新，开创常温方便羊肉汤，这既是对品质的追求，也是企业发展的重要基础。三是及时将互联网渠道应用于企业，融入互联网经营是时代发展的需要,但企业的经营也面临更多的竞争挑战。

(4)紧跟市场,铸就开阔的行销之路。对产品重新赋予了文化标签,加上对研发工艺的突破,产品的热销才是公司现金流的直接保证,也是企业赖以发展的不二法则。积极地解决招商、渠道建设的问题,通过在互联网上推广公司的产品,积极与电商巨头京东、当地乐客电商合作,塑造电商冬至狂欢节,产品及品牌多点开花。对任何一个企业来说,最终都要实现从商品到货币的惊人一跃,否则,一切的付出都是徒劳。产品要紧跟市场需求,适应市场需求,适应市场经营环境。

思考练习

(1)创业公司在起初阶段都会面临很多复杂的情况,这也是公司最为困难的阶段,你认为渠道拓展、产品研发在公司的发展过程中应怎样安排?

(2)企业家的品质是创业者创业的核心要素,也和职业工作者的职业化品质有类似的地方,请你比较分析,一个优秀的创业者和职业工作者需要哪些核心优秀的品质?

案例四　融入社交元素，“良知云品”打造鲜果定制电商平台

案例介绍

“良知云品”主要经营餐饮企业管理、餐饮服务、预包装食品销售、食品加工技术咨询及转让等业务。

“找呀找呀找朋友，找到一个好朋友。”说到结识新朋友，大家脑海都会浮现出一万种方法：吃饭、聊天、旅游等等。但如今，一种新型的方式诞生了，那就是使用水果！成都良知云品餐饮管理有限责任公司（以下简称“良知云品”）首创“你来定制，我来监制”的契约式订单农业电商平台——“良知云品”鲜果定制平台，在其中搭建特有的社交功能，用鲜果作为礼品传递人与人之间的关爱。目前，已重点打造“基地鲜果”作为平台运营的基础保障，已与全国179个鲜果基地达成了战略合作。

创新素描：融入社交元素的鲜果定制电商平台

“良知云品”专注小规模定制食物流通服务，重点打造“基地鲜果”，平台入驻鲜果种植基地179家，提供80余种不同地域、不同季节的鲜果，其中由消费者评定的优质种植基地87家。同时和四川省的79个生态农产品基地签订供应协议，为自建“中央厨房”提供安全健康的食材；和168家餐饮企业达成食品安全生产合作协议，为平台提供手工生产的传统美食。

对于自己的发展定位，“良知云品”很明确：即不仅要做一个电商平台，还要在平台中融入社交元素，把鲜果作为人与人之间交往、增进情感的纽带，允许用户自建社交群，创建活动信息，让朋友、亲人参与其中、享受快乐。比如把精心挑选的食物发到社群里，大家抢到的不仅是一份简单礼物，更是一份包含美食和健康的温暖；平台与关注美食和健康的会员们共同发起线上和线下活

动，让越来越多的用户参与其中，用美食传递安全健康的生活方式，共同改变我们的生活。

公司方面表示，小规模定制食品流通领域市场正在蓬勃发展，消费者对食品的安全越来越关注，对健康生活要求越来越高，未来“良知云品”将继续立足该领域，准备2019年中旬收集四川各地水果种植和加工方法，并编录成册更好地为消费者提供美食定制服务。

创新特点：众筹定制需求+契约式生产

在“良知云品”相关负责人看来，食品安全问题颇受消费者关注。为此，公司立足鲜果食用安全首创“你来定制，我来监制”的“良知云品”鲜果定制平台，创造性地提出“众筹定制需求+契约式生产”运作模式，通过搭建生产者和消费者互信渠道，引导消费者树立合理的消费观念，通过提前聚集和锁定需求，让生产者有信心有保障去按照消费者的要求和标准生产，从而改变产业固化的传统思想，解决市场信息不对称的症结，打破市场僵局。

首先是通过契约化生产模式打造订单式农业，改变传统农业种植和销售模式。平台引入契约化生产这一全新的服务模式，在小规模范围内及鲜果种植中让消费者自主选择所需产品，并按自身要求和标准生成合理的产品订单，生产方按消费者要求和标准提供当季、成熟、新鲜的产品，并摒弃传统层级式的配送流通方式，去掉中间烦琐的环节，实现直接从基地将“全熟鲜摘”用最快的速度配送到消费者手中，产品送到后消费者再对其评价，评价记录在平台数据库中供平台数据分析筛选企业，实现这个契约化的闭环设计。

其次，利用众筹方式改变平台传统团购模式，保证产品品质的同时降低运营风险。消费者在启动契约化生产的时候，平台通过众筹机制来决定这个项目的可行性，当众筹达到项目的实施标准时，项目将提交给生产企业实施，当整个众筹过程达到项目实施标准时都是意向性的，这样既保证了消费者的资金安全，也通过提前聚集锁定需求让生产者有信心有保障去按照消费者的要求和标准生产，降低了企业资金管理的难度。公司相关负责人表示，用是否能满足消费者需求这一市场标准衡量企业产品的优劣，产品选购自主权从价格到产品质量、内容全面开放给消费者，不再以价格引导消费者网购网销，通过众筹方式解决有机生态产品价格过高、难以接受的问题，在为消费者提供了安全、味美的鲜果的同时，也兼顾了鲜果生产方对销售渠道销量的需求。

再次是创造性地引入社交功能。项目对传统电商平台的用户群功能进行升级改造，推出平台特有的鲜果分享社交圈，并简化社交圈繁复的信息发布方式,设计用贺卡、心情卡的方式传递信息,一张卡片就是一个社交群,通过鲜果作为媒介,让社交群中参与者分享自己的体验,大家在交流中不仅可以得到一份美味水果,还能得到带来的温情和祝福。

最后,将长期积累的风险调查控制技术与互联网相结合,全面解决水果食用安全问题和种植销售问题,作为平台,他们既为企业提供销售渠道,也为消费者提供安全健康的食品,通过开通全新的监管模式把控产业风险,可以将第三方管理作用真正落实,为生产方与消费者搭建起互信互利的桥梁。

案例分析

“良知云品”取得成功有多种因素,最重要的是以下几点:

(1)以客户需求为导向。良知云品公司的成功首先归功于其发展定位以客户需求为导向。良知云品公司的客户分为两类人群:鲜果的消费者和生产者。在良知云品相关负责人看来,食品安全问题颇受消费者关注,而鲜果生产者关心的是销售问题。为此,公司通过“众筹定制需求”的方式,提前聚集和锁定需求让生产者按照消费者的要求和标准生产。用是否能满足消费者需求这一市场标准衡量企业产品的优劣,通过众筹方式解决有机生态产品价格过高难以接受的问题,在为消费者提供安全鲜果的同时,也兼顾了鲜果生产方对销售渠道、销量的需求。

我们可以清楚地看到,客户需求导向是企业发展的一条正确道路。比如,像华为这样的“世界五百强”公司都是以“客户需求为导向”。

如果你打算创业,你要思考的第一个问题就是——你的客户是谁,还有什么需求未被满足? 乔布斯说,客户没有义务去了解自己的需求。例如,面对水果,消费者只知道自己想要安全、新鲜的水果,生产者只关心水果的销售问题,而企业存在的目的就是理解客户的需求,并提供将需求具体化和清晰化的解决方案。只有做到这一点,创业才会成功。

(2)社交化营销。“良知云品”在平台中融入社交元素,把鲜果作为人与人之间交往、增进情感的纽带,允许用户自建社交群,创建活动信息,让朋友、亲人参与其中、乐在其中。比如把精心挑选的食物发到社群里,让大家抢;此外,平台与关注美食和健康的会员们共同发起线上和线下活动,让越来越多的用户参与其中。“良知云品”在平台中引入的社交功能,是基于社交关系开展的一种营销方式,即“社交化营销”,类似于我们熟悉的“找关系或请客送礼卖产品”等。这种基于社交关系开展的营销,如果设计得比较巧妙的话,会取得很好的效果。因为人类的社交活动具备一定的扩散能力,正所谓“口口相传”。

(3)持续创新。关注食品安全问题的企业有很多,为什么“良知云品”能够从中脱颖而出的原因就在于它一系列创新的举措。具体表现在:首先,良知云品通过契约化生产模式打造订单式农业,改变了传统农业种植和销售模式。契约化生产是一种全新的服务模式。其次,利用众筹方式改变了平台传统的团购模式。然后,创造性地引入社交功能,对传统电商平台的用户群功能进行了升级改造。最后,将长期积累的风险调查控制技术与互联网相结合,通过开通全新的监管模式把控产业风险。

世界著名的管理顾问詹姆斯·莫尔斯曾经说过,“可持续竞争的唯一优势来自于超过竞争对手的创新能力”。创新是一种管理职能,是企业家精神的真谛。有了创新,才使得“良知云品”得以不断发展和壮大。

(4)与时俱进,紧跟时代潮流。“良知云品”通过众筹机制来决定项目的可行性,当众筹达到项目的实施标准时,才将消费者的定制提交给生产企业实施。众筹作为一种商业模式近几年在我国的发展速度不断加快,特别是2018年1月3日,国务院总理李克强在主持召开国务院常务会议中,“众筹”再次被提及。众筹可以说是当下比较流行的一个词语。类似京东、苏宁等我国知名度比较高的电商平台也纷纷引入了众筹机制。

思考练习

(1)每个客户的需求都不相同,同一客户又可能有不同的需求。怎样才能满足不同客户的需求呢?请你谈一谈如何以客户需求为导向、为客户定制服务?

(2)查阅资料,了解社群营销有哪些特点?

案例五　四川老峨山茶业:创业路上永不止步

案例介绍

无公害——企业不懈的追求

四川老峨山茶业有限公司,于2012年3月成立筹备委员会开展筹备工作,于2015年8月12日正式登记成立,注册资金580万元人民币。旗下投资兴办丹棱县老峨山茶叶专业合作社,注册资金600万元;丹棱县丹峨仙家庭农场,注册资金580万元;公司法人于2013年领头成立丹棱县老峨山茶业协会。企业建设有占地面积2000平方米的标准化茶叶初、精加工厂与规模约333万平方米、年产成品茶100多吨的茶叶核心种植基地。2015年公司率先获得无公害产品认证、绿色食品认证和有机茶产品转换认证;2016年经国家农业部检测企业种植区茶叶硒元素含量为每公斤0.105毫克。经过几年发展企业先后荣获"国家级示范社""省级示范农场""市级农业产业化重点龙头企业"等称号,"素翁""丹峨仙"商标荣获市知名商标。企业按照标准化管理,实施"市场+公司+合作社+基地"的模式运作,有机结合"互联网+",开发基于微信的"四川有机茶"B2B2C移动互联网平台,线上线下互联运营,目前已成为眉山地区茶产业领头雁。

地理优势:企业基地位于四川省丹棱县境内,北纬30°,于峨眉山与蒙顶山之间的总纲山脉老峨山麓,800～1200米黄金海拔,全域油砂土富含硒元素,无工业与第三方污染,该产区年平均气温17℃,森林覆盖率46.2%,属林间珍惜高山茶园。

制茶历史：老峨山制茶历史悠久，可以追溯到唐代，企业产品至今保留以传统的“手工炒制”为核心，以机制名优绿茶、茉莉花茶为主，同时不断研发其他茶类，年产成品茶100多吨。所产茶叶的氨基酸、茶多酚含量均高于其他地区，具有延缓衰老、抑制心血管疾病、预防和抗癌、预防和治疗辐射伤害、抑制和抵抗病毒菌、美容护肤、提神醒脑、利尿解乏、降脂助消化、护齿明目等功效。

风雨坎坷，前行不止

2003年底，创业者殷尚勤辞去成都陈石商贸有限公司年薪10万的管理岗位回乡创业。起初以承包方式种植经营茶园20亩，以销售茶鲜叶为主，而丹棱本地茶叶加工厂寥寥无几，茶鲜叶只能长途运输至峨眉双福或名山地区销售，销售途径极为不便。在历经3年不断对茶叶行业进行深度学习，多次拜访峨眉、夹江、名山、蒲江等地茶叶加工厂后，他毅然决定涉足茶叶加工环节，为当地茶农解决部分鲜叶销售难题，2007年在丹棱茶叶主产区张场镇建设占地400余平方米标准化茶叶加工厂，从而开启了殷尚勤茶叶梦的创业征程。

茶叶加工厂于2008年起正式投入运营，一开始便遭遇“5·12”地震侵袭，经历新厂建成技术薄弱、管理不完善、市场信息缺乏、客户资源有限等诸多创业者初期的种种难题，殷尚勤都咬牙坚持了下来，他的茶叶梦一直在心里回荡，他相信“梅花香自苦寒来”，唯有经历了、学习了才会成长。在怀揣梦想、抱着学习的心态下，工厂继续运营了3年，殷尚勤从中体验很多，在不断求索的过程中深刻认识到品牌的重要性，2012年他当即决定成立合作社、创建品牌，不再为各大茶企做嫁衣。将广大茶农的茶园联合起来规范种植，为合作社成员提供定期种植技术培训，提高产品源头品质，高薪聘请技术骨干增置加工设备提高成品质量，注册商标，创建丹棱茶叶自主品牌。殷尚勤的这一决定得到了政府各级职能部门及社会各界的高度关注，为丹棱5万亩茶园奠定了创品牌的基础，为建设茶叶全产业链播下了丹棱的种子。

丹棱县老峨山茶叶专业合作社成立以后，殷尚勤的创业路越发责任巨大，他身上背负的不仅是个人的创业梦，还有丹棱2万茶农的鲜叶销售梦和品牌梦，更有强大的社会责任。为不断完善产业链，2013年他成立丹棱茶业协会规范、促进行业良性发展，成立茶叶农场为广大茶农建设标准化示范园，引领绿色种植。

2015年，创业历经十余载，合作社取得了小小成绩并不断发展壮大，今年新扩建厂房800平方米，建设办公区560平方米，成立四川老峨山茶业有限公司。在茶产业发展规划中一直坚持以农产品质量安全为前提，制定了一系列标准化茶叶种植生产操作规程，在合作社全体社员茶叶种植基地开展推行绿色防控，定期举办相关培训，已辐射带动非社员茶农约300余户，种植面积约1333万平方米。在品牌创建工作中，坚持以“东坡故里、大雅丹棱、老峨山茶”为产地宣传推广，并开发一系列自主品牌产品，以优异的包装形式塑造了丹棱茶叶第一品牌。实现了丹棱茶叶由农户分散种植向集约化种植转变，实现了茶叶加工由作坊式初加工向规模化标准化深加工转变。

目前殷尚勤已带领企业成为眉山地区茶行业领头羊，曾多次获得殊荣，2013年荣幸当选为眉山市青年联合会委员。企业于2013年获得县委政府“优秀农民专业合作社”奖励表彰，荣获“眉山市2014年度市级示范农民专业合作经济组织”，荣获2014“第六批全省农民专业合作社省级示范社”，2014年荣获“四川省五四红旗团支部”表彰，2014年被眉山市委组织部评选为“创业创新创优优秀示范团队”，2014年与2015年连续荣获“四川省质量诚信企业”称号，2015年被邀请加入眉山市大学生创业联合会任副会长单位。2015年企业成功通过“绿色食品”认证、“无公害食品”认证、“有机食品转换”认证，企业申请注册“素翁”“丹峨仙”品牌获得眉山市“知名商标”。2016年企业荣获“国家示范社”“省级示范农场”“市级农业产业化重点龙头企业”。2018年企业申请注册的“四川有机茶”项目已与腾讯合作，开发基于微信的B2B2C电商平台，项目已进入腾讯前期的孵化。2018年企业产品荣获“眉山市名优食品”等称号。

创业路上风雨坎坷无数，但殷尚勤从未退缩，因为他怀揣茶叶品牌梦的伟大梦想，他肩负2万茶农增收致富的强烈愿望，他愿为广大创业者树立标杆、践行梦想。下一步计划：扩大整合茶叶种植区生态与集约化种植；新建年产成品茶2000吨工厂，实现标准化、规模化生产；创新运营模式，致力于强化品牌提升产品附加值；有效结合互联网，提高产品销售渠道与品牌曝光率；有效利用茶山茶园生态优势，打造乡村旅游与农业金融项目，如茶事体验、茶园民宿、茶树认养、茶园投资等，为乡村振兴助力。

案例分析

殷尚勤的创业故事让我们深深体会到了什么是创业精神。我们都知道新时代创业精神的主要内容是创新力、执行力、必胜的信念、注重价值创造和甘冒风险的精神。在这个案例里，新时代创业精神主要体现在以下几个方面：

(1)创新力。创新力源自创业者乐于学习、创造梦想的精神。案例中殷尚勤起初以承包方式种植经营茶园20亩，以销售茶鲜叶为主，在历经3年不断对茶叶行业进行深度学习后毅然决定涉足茶叶加工环节，2007年建设标准化茶叶加工厂，2012年决定成立合作社创建品牌，将广大茶农的茶园联合起来规范种植；2013年他成立丹棱茶业协会规范，成立茶叶农场为广大茶农建设标准化示范园，引领绿色种植；2015年成立四川老峨山茶业有限公司。一路走来，企业的成长都来自创业者不满现状，为了达成梦想不断学习、不断创新的能力。

(2)执行力。执行力是领悟战略意图、完成预定目标的操作能力，是把企业战略、规划转化成为效益、成果的关键。执行力对个人而言就是办事能力，对团队而言就是战斗力，对企业而言就是经营能力和竞争力。案例中不管是殷尚勤个人的办事能力，还是殷尚勤抓住企业竞争特点和优点的能力，都是非常突出的。这成为他不断实现目标的推动力。

(3)必胜的信念。所有创业都不是一帆风顺的，但很多创业失败者能够东山再起，需要的就是必胜的信念。凭借这种必胜的信念，他们相信自己可以成功，相信自己可以创造商业传奇，相信自己的事业对全人类都有着重要的意义，相信自己的事业能够为消费者、员工和他们自己创造价值。案例中殷尚勤的茶叶加工厂2008年起正式投入运营，但“一开始便遭遇‘5·12’地震侵袭，经历新厂建成技术薄弱、管理不完善、市场信息缺乏、客户资源有限等诸多创业者初期遭遇的种种难题，殷尚勤都咬牙坚持了下来，他的茶叶梦一直在心里回荡，他相信“梅花香自苦寒来”，唯有经历了、学习了才会成长。同时，“丹棱县老峨山茶叶专业合作社成立以后，殷尚勤的创业路越发责任巨大，他身上背负的不仅是个人的创业梦，还有丹棱2万茶农的鲜叶销售梦和品牌梦，更有强大的社会责任”。2015年成立四川老峨山茶业有限公司，定期举办相关培训，已辐射带动非社员茶农约300余户，种植面积20000多亩。他为自己、为他人、为社会、为国家都创造了不凡的价值。

(4)甘冒风险的精神。敢于走别人没有走过的路，敢于尝试，敢冒风险是理智基础上的大胆果断，是自信前提下的果敢超越，是对新目标的不懈追求。2003年底殷尚勤辞去成都年薪10万的管理岗位回乡创业，这就体现出他敢于尝试的果断品质。但这种果断是建立在对产品、对行业自信的前提下的。殷尚勤创业的地理位置考察、产品的特点和功效等都是殷尚勤自信的资本，我们在创业过程中，一定不能盲目自信，以致承担本可排除的风险。

思考练习

（1）案例中殷尚勤的成功是偶然的吗？创业过程中除了创业精神，还需要什么条件？

（2）创业和个人、团队、社会之间是怎样的关系？

（3）创业过程中，遇到挫折，应该如何应对？

案例六　品质+营销，微卤打造卤味界轻奢品牌

案例介绍

微卤的业务范围包括：网上贸易代理；农副产品（不含粮、油、生丝、蚕茧）的销售；企业管理咨询；图文设计；计算机网络技术开发、技术转让、技术咨询、技术服务；网络工程设计、施工（工程类资质许可证经营），以及货物及技术的进出口等。

2014年10月上线，微卤仅仅花了10个月时间就做到了川卤全网销量第一，超越其他老牌川卤品牌，超越绝味鸭脖官方旗舰店，四川卤味线上份额占比超70%。月度营业额增长率一直保持在40%～50%，预计2017全年营业额超2000万元。微卤的出现为传统的卤味增添了时尚的色彩，“白富美”们更是将其奉为卤味界的轻奢品。微卤，为何能见微知著？

产品定位：15天保质期现卤现卖

凯文·凯利有一个“边缘理论”，即从边缘市场切入，完成对中心的颠覆。而微卤的逻辑正是，专注在大佬不愿意发力的领域，以“现卤现卖”作为颠覆传统卤菜电商的突破口。

目前，主流的卤菜电商品牌都以售卖6个月保质期的卤菜产品为主。微卤致力于把更新鲜美味的卤制品带给消费者，在卤制、杀菌等工艺流程中，尽力保证口感、新鲜度、营养。因此，微卤的产品定位于15天保质期的“现卤现卖”。面对消费者，微卤的每一袋产品都能够对卤制过程溯源。在微卤的产品标签上，消费者能看到该袋产品的卤制开始、完成、包装、发货时间，精确到小时。微卤的中央厨房正在搭建“透明厨房”系统，上线后消费者可以随时通过远程摄像头监控卤制过程。传统卤味都是走连锁经营模式，但门店越多负担

越大。很大一部分连锁店都会面临这类问题，而微卤重点放在线上阶段，线下通过体验店配送上门。

筛选客户：定位18岁到30岁的“白富美”

初期，微卤也烧钱补贴培养用户，但是销量增加也代表亏损加大。虽然淘宝店表面销量数据还不错，可评论区却惨不忍睹，淘宝三项评分（宝贝质量、服务态度、发货速度）飘绿下降，这些用户对于9.9元包邮的卤品，先是不满足量，然后不满足试吃赠品，甚至嫌弃物流慢，总之差评不断。后来，微卤开始筛选客户。注重时间成本，不会花上三个钟头做比较或与店家讲价，而是通过满意的服务培养起消费习惯，这些消费者对品牌的忠诚度很高。她们或许算不上顶级“白富美”，但是内心都住着一个女神，她们自恋、自持、自我欣赏，所以她们有素质、有修养、不“事儿妈”。最终，微卤将客户群锁定在年龄在18岁到30岁的女性消费群体。

随后，微卤开始更换精致包装、更换高速物流、涨价等，通过这些方式筛选新的用户。卤娘介绍，一个月后，微卤淘宝销量不减反增，中差评还越来越少见，三项指标相继飘红上升，情况转好。淘宝数据魔方显示，目前微卤客户中的80%为女性，女性中的80%又是18岁到30岁的年轻白领，回购率和满意度都很高。

玩转营销：线上活动聚口碑

在正式运营3个月内，微卤实现200万元营业额，电商客单价在50元左右，连锁店客单价在30元左右。微卤的成功很大程度上要归功于其精准的营销。其中颇为亮眼的是百度直达号这个渠道的使用，微卤直达号店运营1个月，获得5万业绩。值得注意的是，直达号需要百度ID+动态口令，支付环节也偏陌生，这给获得第一批用户增加了难度。微卤的经验是，用活动和诚意培育用户的习惯。针对直达号，微卤推出“情侣鸭头礼包”的1元赠活动，活动在几乎没有任何推广的情况下，依靠口口相传，单日创造1000单交易记录，并为二次转化打下了很好的基础。

微信也成为营销的主阵地。微信的优势在于沟通，微卤把微信公众号当做一个沟通工具，增强用户好感。而直达号的优势在于它是目前最精准、最高效的链接服务和消费者管道，因此可以用直达号来拉新，促成订单转化。

微卤组建了强大的营销团队与宣传发行制作团队，以难忘的产品故事为主线，运用专业的包装策划和视频拍摄和制作，通过微博、微信、BBS、豆瓣以及行业科技网站有针对性地推广，保证微卤在短期内积攒了大量的忠实粉丝。

善于借势：抢头条获多家媒体报道

微卤做了一系列“抢头条”的行动：与Uber合作、卤娘亲笔道歉信、圣诞节微卤圣蛋等。把握时机，以诚相待。让微卤获得了更多粉丝的认可。

2015年专车、拼车等事件受到人们关注，微卤巧妙地选择了来自风口浪尖的Uber这一合作方，微卤联合Uber车主发起了“深海鲍鱼”回馈活动，得到了车主们的强烈欢迎，仅5月4日一天就卖出两千多份“深海鲍鱼”。

微卤的这些举动都成为当时成都卤味的头条新闻，这也为微卤带来了丰厚回报。微卤独特的经营模式和理念引来了香港《南华早报》、日本《周刊邮报》等大量媒体的报道和关注。百度CEO李彦宏等社会名人也纷纷为微卤点赞。

渠道争夺：F2C+O2O+体验店

在渠道上，微卤抛弃了传统卤味市场的连锁经营模式，采用F2C（从厂商直接到消费者个人）+O2O（线下商务机会与线上互联网结合）+体验店模式。F2C面向全国粉丝，以快递进行配送；O2O面向单个城市，以配送点覆盖周围3～5公里粉丝群；体验店则是粉丝聚会互动的平台。

微卤将自己的模式定义为“大电商+小O2O”，前者是淘宝，包括以后的天猫、京东、1号店等，后者是团购、直达号、微信等上店自提和快递。规划的微卤发展路径是，在成都开设10家左右门店，依靠小O20来覆盖单店周围3～5公里范围的社区，完成对整个成都市区的彻底覆盖。

目前微卤面临的最大瓶颈是线下快递品质参差不齐带来的O2O体验不佳的问题。微卤打算之后三年内在其他省会城市新建至少500家配送点，通过自建配送团队或与美团外卖、百度外卖、饿了么等外卖平台合作的方式打造体验最佳的O2O外卖模式，彻底解决消费者的顾虑。

2018年，微卤计划将成都的体验店增加到3家，入驻更多的国际电商平台。微卤还计划深入北、上、广、深等一线城市开设体验店。

案例分析

微卤在短短10个月时间里就能做到川卤全网销售量第一，主要是因为其做到了以下几点：

（1）产品差异化定位。微卤的产品定位于15天保质期的“现卤现卖”，而主流的卤菜电商品牌以售卖6个月保质期的卤菜产品为主。

面对激烈的竞争，如果企业和品牌不能够脱颖而出，可能很快就会被客户忘记。而差异化定位就能够有效地帮助企业迅速在消费者心中建立起独一无二的形象。

（2）透明的生产过程让产品定位更有说服力。微卤的产品定位是15天保质期的“现卤现卖”，但是，怎样让消费者信服呢？微卤在产品标签上，写明了每袋产品的卤制开始、完成、包装、发货时间，精确到小时。此外，微卤的中央厨房正在搭建“透明厨房”系统，上线后消费者就可以通过远程摄像头监控卤制过程。微卤将生产过程公开化，告诉消费者微卤的产品是如何被加工出来的。对于食材，人们更关注的是安全问题。消费者越了解产品的生产过程，就越容易产生信任感。通过“透明厨房”系统让消费者亲眼看到食物的加工过程，他们就会更放心地购买。

（3）客户定位准确。微卤的成功得益于其准确的客户定位。上线初期，微卤的目标客户是普通消费者。但是，通过烧钱补贴培养用户，卖得越多，亏得越多。9.9元包邮，如此亲民的价格，却差评不断。究其原因，是因为客户定位出了问题。通过分析，微卤将客户群锁定在18岁到30岁的女性消费群体。因此，微卤通过更换包装、更换物流、涨价等方式筛选出新的目标客户。一个月后，微卤销量不减反增，回购率和满意度都很高。

从微卤的案例可以看出，客户定位错了，后面做再多的努力都白费功夫，只能是“瞎子点灯——白费蜡”。

（4）利用营销工具实现精准营销。微卤用直达号来拉新，促成订单转化，创造了单日1000单的交易记录；微卤把微信公众号当做一个沟通工具，增强用户好感。此外，微卤通过微博、微信、BBS、豆瓣以及行业科技网站有针对性地推广，在短期内积攒了大量的忠实粉丝。因此，微卤的成功要归功于其利用各种营销工具实现了精准营销。所谓“工欲善其事，必先利其器”，企业要想做好营销，就需要善于利用各种营销工具。

（5）利用热点进行借势营销。文中指出，2015年微卤利用专车、拼车这一热点事件，顺势与Uber合作发起了“深海鲍鱼”回馈活动，仅5月4日一天就卖出两千多份“深海鲍鱼”。此外，微卤还做了一系列“抢头条”的行动：卤娘亲笔道歉信、圣诞节微卤圣蛋等，都取得了很好的效果。微卤的这一系列“抢头条”行动，也叫做借势营销。借势营销是目前比较流行的一种营销方式，利用热点事件，迅速发酵话题，可以节省前期的铺陈预热，降低企业的时间成本和金钱成本。

思考练习

（1）微卤通过公开生产过程的方式让其定位更具有说服力，还有哪些方式能够让产品定位或者产品优势更具有说服力，让消费者更容易购买你的产品？

（2）如何找到目标客户群体？

（3）案例中微卤采用了哪些营销方式？这些营销方式有哪些特点？

案例七　壹玖壹玖：线上线下深度融合

案例介绍

杨陵江，四川壹玖壹玖酒类供应链管理股份有限公司董事长。从1998年成立成都兴裕商贸有限公司开始，经历过从传统经销商到终端连锁模式的转型，又在新世纪接触到新型电商模式，他逐渐认识到：传统的经销商模式由于酒类代理权的问题容易受酒厂销售部门的制约。而苏宁、国美、麦德龙等国内新兴的终端连锁模式所代表的商业趋势向零售终端发展的理念，如果能够正确地应用到酒类销售行业中，就能够直接面向消费者，从而有效地打通上下游的关系，这样既能为厂家创造利润，也能为经销商找到出货门径。在进入新世纪以后，随着电商模式的发展，很多产业都从线下走到了线上，但杨陵江认为，酒类行业作为一种物流仓储成本较高的行业，单纯走线上电商模式是行不通的，他意识到要想生存和发展，创新、创业是永无止境的，于是提出了线上线下一体化的酒类O2O平台服务商模式。从而，壹玖壹玖和背后的董事长杨陵江在电子商务的草莽时代，以勇于开创的时代精神率先"触网"，又在电子商务深度发展的今天，凭借不断革新的专业能力，让壹玖壹玖展示出强大的营收实力和良好的发展预期。

机会总是留给永不放弃的人

杨陵江是个地地道道的大山里走出来的孩子，与生俱来就有一种肯吃苦、不服输的劲头。早年间，他从四川旅游学院酒店管理专业毕业后，进入成都锦江宾馆做服务员的同时，还在酒吧做酒水兼职，也许正是这段经历让他接触到酒水行业。"初生牛犊不怕虎"的杨陵江在1998年，自认为已经摸熟了这个深水行业，揣着兜里面仅有的2万元，向亲朋好友借了8万元，再加上另外两家公司投资的40万元，注册成立了成都兴裕商贸有限公司，主营葡萄酒业务。一年之后，由于业绩不理想，两家公司决定撤资，杨陵江的10万本钱荡然无存，自身也负债累累，第一次创业宣告失败。不久之后，他认识到，白酒行业比葡萄酒行业更有前途，于是在酒水食品城租下门面，开始了他的第二次创业，经历了众多坎坷之后，由于酒厂供货政策的问题以及销售部门的改弦易辙，生意一直不太理想。受够上、下游"折腾"的杨陵江，渐渐认为酒水经销商的生意并不好做，此时，他将目光投向了贴牌生产的模式，自己注册了一个黄酒商标"稽山鉴水"，初期销售势头良好，但由于2005年之后成都黄酒市场的整体萧条，生意又一次跌入低谷。可是说，在这之前，杨陵江筚路蓝缕，创业之路十分艰辛坎坷。

事业的转机出现在2005年，彼时国美、苏宁、麦德龙等国内新兴的终端连锁模式大行其道。杨陵江也逐渐认识到商业趋势在向零售终端发展，直接面向消费者可以打通上下游关系——它既能为厂家创造利润，也能为经销商找到出货门径。其实在当时，这种模式并未出现在酒水行业中，但杨陵江考虑到当时自己一没有资金，二没有社会关系，三没有销量规模，已经不适合继续做传统经销商了，于是决定转型至终端销售商的角色，这也正是后来享誉业界的壹玖壹玖酒类直供的雏形。截至目前，壹玖壹玖在全国31个省、500多个城市拥有了1000多家零售店。

再后来的故事大家已经耳熟能详。2014年，壹玖壹玖成功登陆新三板，证券代码830993，成为国内酒类流通行业首家公众公司。2015年11月，战略并购购酒网，一举坐上国内最大酒类O2O电商的王座,同时也成为国内第三大开放平台。2018年8月29日，壹玖壹玖酒类平台科技股份有限公司发布2018年半年报。报告显示，壹玖壹玖在2018年上半年线上线下商品交易规模(GMV)达24.5亿元，营业收入20.4亿元，毛利额2.58亿元，合并净利润755.7万元。

"线上+线下"的撒手锏

进入新世纪以后，电商模式大行其道，众多电商企业如雨后春笋般纷纷出现。彼时，杨陵江也认识到企业要想不断发展，创新创业的脚步是永远不能停止的，一家企业要是只放眼于眼前的形势，必将被时代的浪潮淘汰掉，诺基亚就是最好的代表。但是，杨陵江能把壹玖壹玖发展到如今的规模，肯定有常人无法比拟的卓越的眼光，他认识到电商再火，壹玖壹玖也不能只走线上的模式，因为线下正是壹玖壹玖无可比拟的优势所在，他创造性地提出线上线下一体化的酒类O2O平台服务商。现如今，壹玖壹玖正以势不可挡的发展势头重塑酒水销售行业。

但老话说得好，前途是光明的，道路是曲折的。壹玖壹玖虽然选择了正确的发展道路,但并非是一帆风顺的。一方面,在传统经销商看来,杨陵江所打造的壹玖壹玖,是在向传统市场体系和价格体系宣战,虽然这似乎更像是杨陵江在不断试错之后所能选择的唯一一条正确的道路。且杨陵江时常在公开场合就酒类厂商关系发表言辞尖锐的言论,动辄炮轰不合理的厂商关系现象,这一度使得杨陵江与其背后的壹玖壹玖与传统酒企关系恶劣。其中,以2012年底为例,当时受中央政策影响,杨陵江曾断言中高端白酒品牌将遭遇寒冬,一大半靠"吃请"渠道养活的经销商将会被淘汰。彼时,有人奚落他"自认为行业教父,其实什么都不懂"。不过时间很快印证了杨陵江的判断。纵观中国酒类行业的历史,可以明显看出,杨陵江指出的问题往往触及痛点,但一番交战之后,却能够让酒企有所思考和调整,甚至引起行业共性的反思,成为行业创新的先兆。另一方面,电商企业经常会问杨陵江:"你是电商为什么有线下店,你线下有店好意思叫电商吗?"好似电商就一定没有线下店,有了线下店就不能叫电商一样。甚至有人曾说壹玖壹玖是"伪电商"。

考虑到以上两类观点对壹玖壹玖的质疑,可以从壹玖壹玖后来的发展模式种窥探出杨陵江的卓越之处。壹玖壹玖遍及全国的体验店成为壹玖壹玖线上渠道下单之后的配送主力军。壹玖壹玖创造性地提出无论通过线上下单,还是线下购买,都能提供送货上门的服务,享受分钟送(19分钟内送达)、小时送(1～3小时)送达服务;O2O平台线上线下一体开放,线上订单全部分配给门店,收益归门店独享的经营理念。而壹玖壹玖之所以敢做出如此承诺,正是由于其拥有别人难以比拟的数额庞大的线下零售店铺。通俗来说,顾客买酒时,在网上下了单,其他电商都是快递上门送货,这其中便涉及物流费用与二次包装费用。众所周知,由于酒瓶多为玻璃制品,怕送和震,一般需要用泡沫填充、打气、裹纸箱、装袋,算下来二次包装费用与物流费用便会占据销售额10%左右。且先不论酒类运输高昂的物流费用与二次包装费用,目前国内没有哪个快递公司能够保证19分钟的送货时间。可壹玖壹玖依靠就近的店小二送货上门服务,时间不会超过19分钟,且店小二送货回来继续上班也不会耽误工作,这样就能将酒类电商平均10%的物流成本(含二次包装、物流等),缩减为0.5%的店员送货提成。且能保证送过去的酒依旧冰冻,在很大程度上提高用户的体验感和满意度,使其能够在众多电商渠道和普通线下渠道中脱颖而出。

不同于其他连锁酒行以团购大客户为主的销售,壹玖壹玖以零售消费为主,构建了100多万个人会员体系,并由此形成了庞大的消费者数据库。考虑到数据分析在当代商业模式中的极大作用,壹玖壹玖由此成立了数据营销公司，及时对个人会员体系进行各种数据分析，为不同的厂商提供消费者精准营销服务。未来，壹玖壹玖的总规划是开设6000个门店。

独具特色的销售模式

壹玖壹玖被人称道的销售模式主要有三点：

第一点便是B2C直接面对消费者的零售模式。壹玖壹玖通过建立供应链管理公司，通过扁平零加价的供应链管理模式，实现线上、线下价格一体化，形成线上平台+线下体验店，实现消费者随时随地在网上或实体店便捷买酒。数据反馈显示：壹玖壹玖线上订单量占总订单量60%、线下占40%；而团购销售占比不到1%，并没有受“限制三公消费”“团购不好做”等影响，个人会员消费占比99%，目前会员数量已超过100万。

第二点便是B2B模式（面向厂家、经销商）。壹玖壹玖与合作者进行供应链合作，进货价更低、品种更多、去掉资金占有、不受厂家限制、不受跌价影响、无库存压力。其次，壹玖壹玖拥有强大的餐饮渠道拓展能力，先后与几千家中高档餐饮、茶楼合作，向其供酒，只收取管理费，这也给门店带来零售之外的利润。

第三点便是线上线下一体化的O2O模式。在线上，壹玖壹玖除拥有APP、微商城、官方商城400购酒热线外，还进驻了国内所有知名电商平台开设旗舰店。2015年11月，壹玖壹玖宣布与购酒网战略合并。在2015年天猫“双11”酒类销售中，壹玖壹玖和购酒网销售额分别为1.57亿元和0.55亿元，排名第一。壹玖壹玖的O2O平台线上线下一体开放。线上订单全分配给门店，收益归门店独享。

壹玖壹玖正是靠这三条别树一帜的销售策略，使得其相对于传统酒企和电子商务而言，依靠“线上”信息化互联网技术与“线下”众多门店效应，对传统的多层级经销制进行改革，又不仅仅流于单一的电子商务体系。这便使得壹玖壹玖更加能够接近消费者，这也是壹玖壹玖得以立足的核心竞争力，毕竟无论在任何领域，拥有消费者就等于拥有了未来，这也正是壹玖壹玖能够在国内酒业寒冬的潮流中逆流而上，并取得巨大成功的根本所在。

案例分析

壹玖壹玖之所以能够取得如此成就并不是偶然的，其背后蕴含着很多重要影响因素。

（1）时代的背景和互联网技术的发展。从上述案例可以清晰地看出来，杨陵江创业取得一定成绩离不开选择正确的商业模式，而这其中最重要的便是线上线下一体化的酒类O2O平台的创立。而这一平台的创立，又得益于两点：一是线下众多的零售店铺；二是电子商务的出现。

电子商务的出现与互联网信息技术的飞速发展是密切相关的，电子商务企业经营需要有足够庞大的客户群作为支撑，并且要求客户形成消费习惯，顾客满意是网上零售业取得成功的根本因素，顾客满意在很大程度上又取决于顾客服务。进入21世纪以来，随着互联网的普及以及移动互联网的发展，大家越来越习惯在网上下单购物，杨陵江便是把握住这一时代的机遇，给有购酒需求的用户提供网上下单平台，再辅以壹玖壹玖线下门店数量多的优势，提供快速的上门送货服务，从而吸引了一大批的优质客户资源。

随着改革开放40周年的到来，我国居民生活发生了翻天覆地的变化，居民生活水平得到了极大地提高。人们不仅解决了温饱问题，更是大步迈进了小康社会，这也为酒类企业的飞速发展创造了良好的环境。虽然国家对“三公消费”的限制使得一大批酒企陷入困境，但由于壹玖壹玖主要是面向个人会员消费，所以受此影响并不像其他酒企那样严重。

所以，杨陵江的成功和壹玖壹玖的飞速发展离不开时代的背景和互联网技术的发展。

（2）创业者独特的个人品质。杨陵江作为一个从大山里面走出来的优秀青年企业家，能够在电子商务的草莽时代取得巨大的成就，离不开他身上那股肯吃苦、不服输的劲儿。纵观杨陵江的创业史，我们可以清晰地看到，壹玖壹玖的发展并不是一帆风顺的，甚至可以说是历经坎坷的。杨陵江早期创业时曾数次血本无归，在这种情况下，对于意志不坚定的人来说，可能早就放弃创业转而找一份稳定的工作，但杨陵江却没有认输。无数次的跌倒，只为他以后能走得更远；无数次的失败，只为他以后能站得更高。他从一次次的创业失败历程中吸取宝贵经验，筚路蓝缕，永不服输，终于创造了现如今壹玖壹玖的辉煌，成为国内酒企的领军人物。可见，意志与坚持是创业者必不可少的品质。

杨陵江还有一个更可贵的品质是善于总结，在前两次创业失败之后，他及时认识到传统的经销商模式并不适用于他，转而将目光投向当时在酒企并未有人使用的终端连锁模式，这也同时体现了杨陵江敢为人先的勇气与勇于创新的决心。而这也正是成功者之所以能够取得成功的根本所在。

（3）对别人成功经验的借鉴。仔细研究杨陵江的创业历程，我们可以发现，他事业的转折点出现在2005年，当时杨陵江受到国美、苏宁、麦德龙等企业的终端连锁模式启发，将这一模式应用到酒企发展中。从而从传统的经销商转换到直接面向消费者的零售商角色，并在今后的发展中不断扩大零售店的数量，为后来打造线上线下一体化的酒类O2O平台打下了良好的基础。可见，要想创业成功，故步自封是行不通的，必须要博采众长，不断学习别人的先进之处。

（4）创新、创业永无止境。当杨陵江采取终端连锁模式取得巨大成果之时，他并没有满足于眼前的成绩，而是不断地进行创新，不断探寻更为先进的管理经营模式，而这也正是壹玖壹玖得以稳步前进，并最终成为行业领先者的关键原因。如果满足于眼前的成功，不做创新、不做尝试、不做发展，不管短期表现如何辉煌，也终将成为明日黄花。所以，永不停歇创新、创业也是壹玖壹玖得以做大做强的关键所在。

思考练习

（1）在进行创新创业之前，我们都需要对即将涉足的行业领域的各方面进行全面的分析，探讨项目的可行性。那么，在进行类似分析时，我们应该着重考虑哪些方面？请对此进行阐述。

（2）创业项目要想获得成功，创业者的品质也是关键所在，请你结合本案例分析创业者应该具备哪些基本的品质？

（3）选择一个合适的商业模式对创办一个企业来说可谓至关重要，那么在选择商业模式时我们应该重点考虑哪些因素？

案例八　阿尔法户外网：整合资源搭建户外运动高地

案例介绍

盛夏将至，热浪来袭。比夏日的热浪更热的，还有国人高涨的户外运动消费热情。而今年夏天，谈及户外出行，“驴友”们口中多了一个名字——阿尔法户外网，这个国内户外行业的首个资源全面整合平台，依托科学细分、高效集约的电子商务模式，在一片红海中蹚出了一条户外运动发展的新路。

突破行业瓶颈，让整合带来安全

2016年2月19日，四川阿尔法贝塔科技有限公司在成都市高新区正式成立，旗下“阿尔法户外网”于当年9月9日正式建成，成为诸多户外行业网站中独树一帜的一个。阿尔法户外品牌的“独”就体现在“整合”二字上，而户外运动中最为大众所关注的安全底线，也因为资源整合得到了有力保证。

作为品牌创始人，赵钏杓是有着十余年户外生涯的“资深玩家”，在他看来，国内外市场的发展所面临的诸多挑战，说到底还是“散”造成的：“国内的户外行者，经济预算较节约、旅行日程具弹性、喜好在途中交友沟通、喜欢深入当地、自助性和活动参与程度最高，这都催促着我们把一盘散沙的资源整合起来，既要确保出行安全，又要收获旅行质量。”赵钏杓团队的这一次整合发力，创造了中国户外行业的一个“第一”，区别于以往的户外行业专门类别网站，“阿尔法户外网”成为全国第一个户外行业的全面资源平台。赵钏杓认为，由于国内现阶段缺少相应的管理机构和管理标准，行业发展的混乱必然导致事故频发；随着国民生活水平的提高、人口素质的提升，参与户外运动的人越来越多，如何更安全、更便捷地开展活动已成为行业迫在眉睫的难题。找到了难题，就不难找准“解药”。针对户外路线、户外装备以外的资源平台相对较少，阿尔法户外网将赵钏杓等创始人十余年掌握的各类资源串联整合,在强调从业人员的较高资质的同时,会同国家有关部门、行业协会、高等院校等机构,把开展户外运动所涉及的诸多资源高度整合集聚在一起,"集群效应"之下,驴友们出行,可以无须"鱼找鱼、虾找虾",而是凭借法阿尔法户外网这一个综合性的平台,"一站式"完成出行规划。

打破模式壁垒,借网络拓展空间

点击进入阿尔法户外网,不论是网页版还是移动终端版,简洁明快的页面设计、直观呈现的逻辑构架,与传统复杂层级的户外论坛、主题网站相比,"阿尔法风"刮得清新自然。网站运营人员介绍,阿尔法户外网看似一个庞大冗杂的户外资源汇聚地,但通过一目了然的网页,大大缩短了用户寻找目标信息的时间,从而获得了良好的用户体验;在页面设计上,他们打破了传统户外网站以展示、论坛为主的风格;基于数据库及大数据技术的阿尔法户外网,使得用户可以通过筛选功能快速寻找自己感兴趣的约伴对象、路线、资源或目的地,大大节约了搜索时间。值得一提的还有基于网络支付之上的新型购物方式。在阿尔法户外网上,各类资源首次实现了快速直接购买,资源方也会在第一时间通过短信、邮件获取到购买信息。这种通过网站上直接预订户外领队、向导、马匹等资源的做法,在全国户外行业网站尚属首创。就在阿尔法户外网的这项尝试实践不久,国家体育总局便发文,鼓励通过类似方式对户外领队进行预订。

2016年1月16日,首届阿尔法户外嘉年华越野赛依托成都市青白江区人和乡村良好的生态环境和第二绕城高速优势成功举办。当时,尚处于筹建阶段的阿尔法户外网第一次展现出非凡的"吸引力",在第二绕城高速边的第一座越野车赛场里,千人齐聚,线上线下的完美对接令参与者印象深刻。与此类似,同年7月13日,为期三天的玛嘉沟帐篷音乐节在四川省阿坝州小金县两河乡大板村开幕,阿尔法户外网又一次进行了"千人活动"的有益尝试。

破解思维难题,用变革迎合市场

一个全新的户外行业电子商务平台的建设绝非易事,"既然是朝阳产业,就要用全新的办法来运作"。这是被不少阿尔法人挂在嘴边的共同理念和思维模式。阿尔法户外网的正式员工中,50%具有研究生以上学历。来自不同学科背景的他们聚在一起,汇集起一股解决传统户外行业难题的"合力"。

首先需要用力的就是商业模式的创新。赵钏杓介绍说,阿尔法采取的是一种O2O、点面网协同的营销运作模式。在这个全新的模式中，除了线上线下相结合，还采用了“俱乐部+网站+嘉年华+户外营地”四位一体的商业模式，以俱乐部为切入点，通过举办登山、徒步、自驾、自行车、骑马等活动为网站发展会员以及寻找网站所需的资源，从而在网站上呈现给广大爱好者。

在赵钏杓看来，举办阿尔法户外嘉年华，不仅仅在于宣传推广“阿尔法”品牌，更旨在扩大户外运动的普及、让更多民众爱上户外运动，“这在无形中也迎合了国家广泛开展体育运动的号召”。公司业绩表上，近一年来，通过四位一体的商业模式，阿尔法户外网不仅扩大了品牌影响力，还吸引到了更多的会员网站浏览量和资源入驻量。

赵钏杓自信满满地说：“我们还以‘阿尔法户外营地’为突破口，在全国采取‘选点布局、以点带面、以面织网’的方式，将各地的阿尔法户外营地作为网站在当地的分支机构，全权代表网站在当地发展会员及维护资源，此项举措，成效显著。”据了解，仅在2016年，阿尔法户外网就已在全国建设了22家“阿尔法户外营地”，举办了2场千余人的大型活动、2场300余人的中型活动。

关于未来规划，依托新型的旅游电商模式，赵钏杓把目标投向了“国际化”：在与阿坝州南坪林业局签订合同的基础上，阿尔法将在九寨沟建设一座占地面积约200万平方米的“阿尔法国际户外营地”，该营地在占地面积、项目规模、项目内容、设备设施等方面都将成为中国西部地区的NO.1。

案例分析

户外运动作为一项在自然场地中进行的具有一定探险精神的运动，主要包括登山、攀岩、攀冰、穿越、速降等具有很大挑战性和刺激性的极限和亚极限运动。早年，户外运动主要流行于国外，虽然在国内也有一批忠实的拥趸，但依旧属于小众爱好。近年来，随着人们生活水平的提高以及各种户外真人秀综艺节目的播放，户外活动也慢慢在我国市民特别是追求刺激的年轻一代中流行开来，户外运动发展迅速。在此环境下，有着数十年户外运动经验的赵钏杓毅然决然地投入到户外运动品牌创新创业活动中，并取得了较为突出的成就。

（1）资源整合，突破行业局限性。近年来，由于准备不充分、信息了解不到位就贸然进行各种户外活动，致使户外运动行业中安全问题层出不穷，而由此导致的公共资源滥用问题更是成为国人心中的一根鱼刺。一时间，“驴友”一词在大众心中的好感度更是直线下降。追其根本，主要是由于近年来我国经济高速发展，人民生活逐渐步入小康水平，物质条件较为丰富的白领阶层大多是在固定室内场所工作，且工作压力较大。因此，征服自然、融入生态且释压效果良好的户外运动逐渐受到高收入人群的喜爱，成为他们放松身心的一大方式。但是，由于户外运动难度系数不一，大多数户外运动者对某些具有一定危险的户外运动方式危机意识不够，专业知识不够扎实，运动装备不够齐全，户外运动救助知识缺乏，救援保障机制不完善，再加上现实生活中不易找到具有一定经验的领队，致使户外运动普及的同时，风险防范仍是最大的问题。

另一方面，与传统旅游行业中吃、住、行、游、购、娱已经成为一个成熟的产业链条相比，户外运动行业由于在我国开展年限较短、资源较为分散、信息集中度较低的缘故，许多想要涉猎户外运动的人员很难获得相应的资源。虽说利用网络、微博、微信群、线下交流等形式，户外运动的参与者经常进行经验分享、装备交流、旅行总结等活动，但却缺少一个专业的综合性平台，可以“一站式”地完成所有的出行规划。

受以上因素影响，有着数十年户外运动经验的赵钏杓敏锐捕捉到户外运动这一新兴行业存在相当的商业潜力，并成立了四川阿尔法贝塔科技有限公司。该公司旗下的“阿尔法户外网”作为全国第一个户外行业的全面资源平台，对户外运动行业中的众多各类资源进行串联整合。一方面，该网站高度强调从业人员的较高素质水平。另一方面，通过与国家有关部门、行业协会、高等院校等机构进行沟通交流，将户外运动开展过程中所需要的诸多资源高度整合集聚在一起。在这种“集群效应”的影响之下，户外运动爱好者不用再像以前一样受资源分散的影响，出行之前需要通过各个渠道分门别类地准备各种必备物资，而是可以通过“阿尔法户外网”的“一站式服务”直接获取户外线路，购买户外装备，并直接网上预定户外领队、向导、马匹等资源。也正是由于“阿尔法户外网”的极大便利性，该网站在短短几年时间内，注册用户数不断上升，并成功举行数场大型户外活动，从而取得了创新创业的诸多成就。

可见，对于一个新兴行业来说，受行业兴起之初各项资源混乱、信息交流不顺畅的影响，资源整合对这种类型行业的创新创业成功至关重要。

(2)融合大数据技术，提高客户黏性。现今社会，拜读各大成功人士创新创业成功的案例，不难发现，他们都会着重提到提高产品的客户黏性。所谓客户黏性，是指客户对于品牌或产品的忠诚、信任与良性体验等结合起来形成的依赖感和再消费期望值。依赖感越强，客户黏性越高；再消费期望值越高，客户黏性越高。追溯“阿尔法户外网”的发展历史，不难发现，赵钏杓在发展过程中一直致力于提高“阿尔法户外网”的客户黏性，且在此过程中，融入了数据库与大数据的理念。

在移动互联网时代，“大数据”“云计算”已经逐渐成为产业发展重要的晴雨表。“阿尔法户外网”通过实时监测、跟踪用户在互联网上产生的海量行为数据，并进行数据挖掘分析，找到特定消费群体的检索、购买等规律，有针对性地对网站结构进行调整，及时快速对市场动态进行监控并迅速做出反应。通过对网站数据进行分析，“阿尔法户外网”提供与户外运动相关的各类服务时可以制定更加精准有效的营销策略，同时也可以为消费者提供更加及时、更加具有个性化的服务。考虑到传统单一的线下实体店经营方法已经渐渐不能满足人们日益转变的消费模式以及对更高消费品质的追求，赵钏杓在新的时代背景下，摒弃传统的户外运动相关服务的营销渠道，将重点转移到线上服务平台。线上推广服务不仅比传统线下门店更加及时有效，而且更能顺应电子商务平台较快的发展趋势，并且具有推广成本低、运营灵活、能与客户建立良好的互动性等优势。

借助于线上服务平台与大数据分析技术，“阿尔法户外网”为客户提供了更加符合客户需求的各项服务，客户体验感上升，从而有效地提高了网站的客户黏性，这也是“阿尔法户外网”在短短几年内发展迅速的根本原因。

（3）创新商业模式，提高品牌知名度。赵钏杓在经营线上平台之余，并没有完全放弃线下渠道，而是采取一种O2O、点网面协同的营销运作模式。在这个赵钏杓自创的全新模式之中，他不仅将线上渠道和线下渠道相结合，还打造了“俱乐部+网站+嘉年华+户外营地”四位一体的商业模式。线上销售、线下体验，通过举办各种嘉年华活动不仅对“阿尔法网”进行宣传，同时还对户外运动进行推广，让更多的人了解到这一运动方式，积极响应国家广泛开展体育运动的号召。而通过建立“阿尔法户外营地”，在全国采取“选点布局、以点带面、以面织网”的方式，将营地作为“阿尔法户外网”的线下网点，一方面，有助于品牌的推广，让更多的人了解到“阿尔法户外网”并在“阿尔法户外网”上进行注册。另一方面，由于营地大多建立在经济欠发达地区，因此在推动当地旅游业的发展的同时，也能助力当地精准扶贫，提高当地居民收入。

“阿尔法户外网”其先进的商业模式正是赵钏杓创新创业取得巨大成就的决定性因素。

思考练习

(1)资源整合对于当下的大多数行业的创新创业来说都至关重要,请问,在进行资源整合过程中,应着重注意哪些方面?请结合本案例对此进行阐述。

(2)在当今社会,“大数据”理念受到越来越多企业的青睐,请问在进行数据分析的过程中,应考虑哪些因素?请结合本案例对此进行阐述。

案例九　“那时代”打造全国首家文化素材交易网

案例介绍

当各种电视连续剧热映的时候，你是否想过这些剧中的素材是从何而来的？在成都市锦江区，就有一家专业从事文化素材交易的电子商务公司——成都那时代影视文化传播有限公司。该公司打造了全国首家文化素材交易网——那时代文化素材交易网，通过视频短片、微电影、图片、照片等数千种文化素材资源，为用户提供相关的各种文化素材服务。

瞄准文化产业大市场，搭建“那时代”文化素材交易网

随着我国文化产业蓬勃发展，电影、演出、图书、音像、艺术品等传统文化产业增长较快，网络、游戏、动漫、流媒体等新兴文化产业迅速崛起，一批具有较强实力、竞争力、影响力和自主创新能力的大型文化企业和企业集团脱颖而出，一批拥有民族特色自主知识产权和原创性的知名文化品牌应运而生，文化产业呈现出健康向上、蓬勃发展的良好态势，成为推动社会主义文化大发展大繁荣的重要引擎和经济发展新的增长点，各类文化企业也获得了快速发展。

在这样背景下成立的成都那时代影视文化传播有限公司现有员工12人，其中影视专业大专学历人员占比67%，均来自全国各大影视高等院校，抱着同样的梦想汇聚在此。公司签约导演47人，其中知名导演15人，新锐导演32人；导演团队7个；签约摄影、摄像师105人；后期制作团队5个；网络技术开发团队1个。公司设总经理直管财务部和办公室；下设文化艺术总监直管网络部和业务部，影视制作总监直管影视制作中心、创意设计中心、技术服务中心。

2014年公司集中公司优秀人力资源着手搭建“那时代文化素材交易网”：总经理陈之明负责项目的构架功能设计；文化艺术总监负责提取公司影视资源并汇编形成产品；技术服务中心负责将公司影视资源素材化。最终，各部门通力合作，完成了项目的构架、功能、产品等一系列工作，项目正式上线后由网络部和业务部专门负责其市场运营管理。

结合互联网特点，将影视文化作品产品化

想要在同行业发展中脱颖而出，就必须有自己的一套“法宝”，据了解，成都那时代影视文化传播有限公司开发运营的四川首家文化素材交易网——那时代文化素材交易网，以公司丰富的影视文化资源为市场切入口，提取视频短片、微电影、图片、照片等文化素材作为平台产品，为用户提供价格透明、权属清晰、多元化的素材选购交易平台。

“那时代”依托多年行业经验及专业素材积累，将繁杂文化建设宣传素材产品化，为用户提供方便、快捷、高效的选购渠道。为利用好自身积累的丰富的原创影视文化作品资源，为企业和客户带来新的利润和服务方式，“那时代”提出借助互联网运营的优势，将影视文化作品产品化的方案。一是通过将整部作品碎片化的方式，提取其中高品质的、精美的、可用于多种产品制作的影视短片和图片，分门别类，形成产品供客户选购；二是将大量原创作品做成产品集，从而提高产品的附加值，方便客户统一选购；三是根据客户需求来为客户制作相关的文化素材。由此实现了项目资源快速聚集，选购渠道更加清晰，解决了客户选购难题，网站实用性大大增强，客户满意度提升，流量不断攀升。

同时，“那时代”的产品以碎片化、集成化、自助化的方式让素材的取材更清晰，更突出产品的主题，也让价格更加透明。由于产品直接来源于公司资源，从而去除了中间一切利益环节，让价格真实地回归，在让客户受益的同时，实现了项目产品价值链的闭环设计。

形成差异化核心竞争力，带来跨领域新业务

“那时代”上线以来，其创新性的模式和产品设计，创造了差异化的核心竞争力，也为公司带来了跨领域的新业务，创造了新的利润增长点。

在近两年的运作中公司汇集了诸多优秀的导演团队、摄影师、摄像师、图片和影视后期制作团队，为企事业单位提供了大量优质的影视广告营销方案和专业拍摄制作方案，并与优酷、土豆网、腾讯·大成网、V电影、士百士等建立长期合作关系，为其团队提供影视、图片后期制作和拍摄方案；为中国太平、中国电信、品胜、奔驰等国内外知名企业提供企业形象、企业产品影视宣传推广制作服务；为中国电力、西南石油大学、四川大学、西南交通大学等机关企事业单位、院校提供政务及文化宣传服务。

“那时代”判断，不久的未来那时代文化素材交易网将迎来爆发点，而在此之前他们将不断开发新的产品和产品组合、服务方式，增加跨领域服务手段，整合更多的素材资源，完善“那时代”品牌建设。

案例分析

随着移动互联网时代的到来，短视频也在近几年迅速占领市场，成为当下年轻一代追捧的一种潮流，也涌现出如抖音、快手等一批广受年轻人追捧的网络平台。相较于传统影视耗时较长、制作烦琐，短视频很多时候可以采取手机拍摄的方式，成本低、耗时短。一时间，众多年轻人纷纷将拍摄的短视频上传到网络平台，并希望获得大众的点击量。但他们逐渐发现，在拍摄过程中，受自身水平的限制，或者受各种各样因素的影响，想要制作出一份精良的短视频，往往自身拍摄的素材并不足够，而需另外在网上寻找其他素材。受此影响，成都那时代影视文化传播有限公司通过打造全国首家文化素材交易网——那时代文化素材交易网，通过为用户提供相关的视频短片、微电影、图片、照片等数千种文化素材资源，在短短几年时间内，取得了创新创业的巨大成就。

(1)眼光独到，锁定行业热点。作为成都那时代影视文化传播有限公司的法定代表人，陈之明之所以选择在影视文化领域进行创新创业，并将目光锁定在文化素材交易这一块，主要是受近几年我国短视频行业兴起的影响。

短视频兴起的原因有四个方面：一是它具有互动性的特点，视频媒介可以进行单向、双向甚至多向的互动交流，观看者的回复也为该视频甚至视频拍摄者起到了宣传的作用，且往往具有较高争议的短视频，其点击率反而更高；

二是它具有一定的娱乐性，短视频由于一般针对特定的观众人群且内容选择上以休闲娱乐为主，使得短视频多是轻松有趣的关于音乐、明星、旅游、动物等分享类的视频，从这一点上说，短视频已成为大众解除心理负担、缓和精神压力的通道，同时也是人们分享信息、分享快乐的方式方法；三是它属于“快餐性”文化，其“短、快、精、随时随地随意性”的特点正好迎合时代潮流，这是因为瞬息万变社会中的高频率、快节奏使得当今群众往往不再寻求精英文化，他们更希望能够利用碎片化的时间获取简短精练的信息；四是受非权威、低门槛的影响，短视频一般拍摄较为简易，不需要专业的器材。因此，短视频行业在近几年发展迅速，并涌现出一批拥有大量粉丝群体的当红博主，并渐渐有许多人群以拍摄短视频，赚取点击量为生。

但经过前些年的野蛮生长，短视频行业从业者逐渐发现，受观众审美水平的日益提高的影响，随随便便拍摄的短视频已经很难引起当今群众的注意。为了获得更高的点击量，他们必须制作出更加优良的短视频，但受各种各样因素的影响，很多制作视频所需要的素材很难自己轻易拍摄出来，视频制作者便逐渐开始在网上寻找自己所需要的文化素材。受此因素影响，陈之明逐渐意识到文化素材交易行业具有极高的商业潜力。因此，他放弃掉原来的工作，义无反顾地投身到影视文化传播行业的创新创业中，历经千辛万苦，终于完成了项目的架构、功能、产品等一系列工作，并取得了初步的成就。

从陈之明创新创业成功的案例中可以看出，虽说“条条大路通罗马”，但选择合适的行业进行创新创业往往能够事半功倍。可见，我们在平时的生活中，就应该多多关注身边的时代热点，多多发现具有商业潜力的行业领域。

(2)多核运行，拓展业务范围。虽说素材交易行业发展前景优良，但若想在众多同行业企业中脱颖而出，就必须有自己的一套独特生存法则。因此，成都那时代影视文化传播有限公司并不仅仅将业务局限于文化素材交易，由于其拥有诸多优秀的导演团队、摄影师、图片和影视后期制作团队，该公司还为企事业单位提供了大量优质的影视广告营销方案和专业的拍摄制作方案，并与国内众多知名视频播放平台合作，为其团队提供影视、图片后期制作和拍摄方案。

除此之外，该公司还提供成片拍摄业务，前后已为中国太平、中国电信、品胜、奔驰等国内外知名企业提供企业形象宣传片。并为中国电力、西南石油大学、四川大学、西南交通大学等大型机关企事业单位、院校机构提供文化宣传服务。

从以上分析可知，成都那时代影视文化传播有限公司之所以能够在众多创新创业公司中脱颖而出，是因为该公司不仅仅将业务范围局限于一个方面，而是多核运行，广泛拓展业务范围，这样就有效地规避了由行业周期所导致的系统性风险。

(3)借助移动互联网时代的红利，促进自身发展。中国人的成功哲学中有一个非常重要的特色，叫做“借东风”。成都那时代影视文化传播有限公司取得的成就更是离不开“借东风”这三个字，其实，隐藏在“借东风”背后的成功学经验就是要学会把握住一切可以利用的机遇。

成都那时代影视文化传播有限公司的主要盈利点——文化素材交易之所以能够让该公司在短短几年时间内，有别于其他创新创业企业，取得创新创业的初步成就离不开近几年移动互联网时代的到来，4G网络打破带宽限制，互联网普及率迅速提升，以微信、微博等为代表的新媒体行业实现了井喷式增长。相比于文字，拥有更多丰富展现形式、信息量更大、传播效率更高的图片需求激增。一图胜万言，视觉冲击往往胜过枯燥的文字说教，且图像文化传播的门槛低、速度快，能够以更加直观形象、浅显易懂、方便快捷、刺激愉悦的方式迎合大众对快餐文化的追求。因此也在树立品牌形象、进行企业宣传等方面发挥着越来越重要的作用。而且随着我国对公民知识产权的保护力度不断加大，公众的版权意识也在不断增强，行业利益也得到了进一步保障，各大视频网站以及文化素材交易网站的注册会员人数不断攀升。

所以，成都那时代影视文化传播有限公司取得的成就更离不开其懂得借助移动互联网时代的红利，并借此努力促进自身的发展。

思考练习

(1)在创新创业过程中,对公司未来业务发展方向进行正确布局至关重要,请结合本文案例,阐述应着重考虑哪些因素?

(2)企业在发展过程中如何实现差异化竞争?请结合本案例进行说明。

案例十　微信预约“快递员”上门，废宝网玩转“互联网+再生资源回收”

案例介绍

2015年12月，废宝网服务平台于上线投入运行。2016年3月，废宝网启动成都市场全面推广。目前废宝网服务范围已经覆盖85个社区（不含辐射区域），同时废宝网正全面参与全市生活垃圾分类工作，社区便民生活服务体系推广实施。

废宝网服务平台通过线上服务平台和线下回收服务体系建设，形成“线上收废、线下物流”的“互联网+”回收模式，整合、优化行业信息流、物资、资金流，打造了“互联网+再生资源回收”全新的再生资源回收体系，实现资源循环，变废为宝。

应用场景

在成都，每天都有人拿出手机轻点屏幕，通过废宝网的服务，足不出户就将废弃物品出售了。汤女士就是其中的一员，她拿出手机，在微信公众号“废宝网”上点击了“预约收废”。手机自动定位了汤女士所在的位置，进入“卖废品”选项，页面上就出现了以她家为中心最近的几位“废宝快递员”。

每一位“废宝快递员”的姓名、电话、距离和服务星级都一览无余。汤女士选择了离自己家约4千米远的胡师傅。点击“确认”后，不到两分钟，胡师傅来电确认好上门收废品的时间。再过约10分钟，胡师傅敲开了汤女士家的门，打包、称重、付款，一整套流程下来，汤女士将做完家务整理出的废旧物品出售了，阳台又恢复了干净整洁。

汤女士对废宝网赞不绝口：“一键呼叫‘快递员’被越来越多的居民接受，原因就在于‘方便’二字。”

再生资源回收行业的从业者也感受到“互联网+”的巨大红利。张师傅以前总在为废旧物品的来源发愁，开个门店，发下名片等客上门的路子早就走不通了。年轻人习惯了网上生活，平时不关注他的废旧物品回收生意，想要出售废旧物品时又找不到他。成为废宝网的注册商户后，张师傅一头扎进了巨大的市场，不但可以去之前常做生意的小区收废旧物品，周边区域的客户也经常找他，现在每天拿着手机就把生意做了。

创业路径

一家做再生资源回收的网站，为何能在短短一年时间里就走进市民生活？说到底还是互联网的神奇力量给再生资源回收这个传统行业带来的颠覆性变化。同时，极致的用户思维、平台思维、行业前瞻思维形成了巨大的合力，让废宝网脱颖而出。

所谓用户思维，是指废宝网让老百姓卖废品找得到去处，让回收人员有废品来源，让再生资源有去处。市民、回收人员(废宝快递员)、回收企业能够通过这一平台，开展全程在线预约回收，开启再生资源回收行业的“滴滴”服务模式。在废宝网的“市场行情”一栏里，罗列了17种物品的类别、最新价格及涨跌幅，信息公开，一目了然，交易更加便捷。

废宝网搭建起了开放式的产业平台，再生资源经营者、企业的回收渠道和交售渠道都得到拓宽，从事再生资源的经营者、企业拥有了更多的信息来源和选择，再生资源行业的创客们也找到了平台。就像天猫商城云集数十万商家，滴滴出行聚集了千万车主，开放式的平台聚集了全行业的优质资源的同时，也为自身带来了无限的商机。平台战略已经成为废宝网未来重要的发展方向，力争短期内注册商户达3万户；深入全国后，预计注册商户达300万户。

绿色、环保是废宝网立足行业趋势提出的发展方向，这种行业前瞻思维来源于废宝网创业团队强大的行业背景。成都市再生资源行业协会会长单位发起成立的专业团队，切中行业痛点的同时看到未来发展趋势，废宝网能够成为垃圾分类回收工作中的社会公共绿色“管网”，为市民提供参与垃圾分类的途径，同时聚集低价值的可回收物资源。除了一般收荒匠收的纸品、旧家电等价值较高的种类，玻璃、旧衣服、旧床单被套等总共17类物品都可以被回收，然后进入循环再利用环节。

未来规划

废宝网并不满足于当前的发展，为了适应不断变化的行业趋势和用户需求，他们制订了更为严苛的目标。

一方面，借助移动互联网的快速发展，推动再生资源行业向信息化、新型化、精细化、便捷化发展。另一方面，推动再生资源行业与垃圾分类回收等民生服务项目的对接合作，扩大再生资源回收范围，提高资源回收利用率，助力城市绿色低碳发展。

三年之约，是废宝网创业团队定下的目标。力争在3年后占领成都市1/3以上的市场份额，注册商户达3万户，服务对象达300万个，交易规模将超过30亿元。待成都市场成熟后，废宝网的模式还将向全国推广。

在全国上线运营后，规划预计注册商户达300万户，服务对象达2亿个，交易规模将超过1300亿元。

未来，废宝网将紧抓大力发展绿色低碳经济的重大机遇。探究各种妨碍再生资源行业及废宝网服务平台发展的问题，做好再生资源行业服务工作，把低碳和循环经济做实做好。同时，以垃圾分类回收与再生资源回收为主要方向，通过垃圾分类与资源化利用的产业链衔接，提高资源回收利用率。

最后，废宝网将以社区便民生活服务体系建设作为平台发展的重要途径。积极参与城乡社区便民生活综合服务体系建设和四川美丽乡村建设，通过废宝网快递员提供的上门回收服务，解决市民最后100米的服务问题，让市民体验基于“互联网+”的便民服务。

案例分析

在当今社会，受科学技术日益进步的影响，众多传统行业都焕发出新的活力。特别是“互联网+”的概念提出之后，许多创新创业理念都将传统行业与互联网进行结合。在此过程中，虽然不乏成功的案例，但也有许多水土不服的现象出现，从而导致创新创业失败。成都废宝科技有限公司开创性地将互联网的概念与传统的废品回收行业进行结合，且在短短几年时间就取得了巨大的成就，这其中必有许多值得学习与借鉴的地方。

(1)从用户角度出发，切实改善用户体验。传统废品回收行业往往是通过从业者走街串巷的方式进行废品回收，也有从业者选择将店铺开在社区显眼的位置,从而主动吸引客户上门。但受社会变迁影响,现如今:一方面,城市高楼层住宅鳞次栉比,且众多小区型物业出于安全考虑对人员进出管理较为严格,因此,走街串巷进行废品回收的方式可行性越来越低。另一方面,由于废品回收本来就属于薄利行业,且要求占地面积不能过小,受城市租金上升影响,想要在人员流动较大的地方开一间废品回收站并不是一件容易的事情。因此,久而久之,就出现居民想对家里的废弃物品进行出售却找不到合适的途径,从事废品回收的人员想要回收废旧物品却又为其来源发愁。

正是受废品回收双向信息缺失影响,整个废品回收行业在当前社会出现痛点。受“互联网+”概念影响,成都市再生资源行业协会会长敏锐地觉察到这有可能是行业未来发展的趋势所在,因此发起成立成都废宝科技有限公司。该公司通过建立废宝网服务平台,实现线上服务平台和线下回收服务体系双线并行,从而打造“互联网+再生资源回收”的全新模式,很大意义上重塑了行业理念。

废宝网之所以如此受欢迎,在短短几年内发展迅速,正是因为它很好地解决了传统废品回收行业中卖废品者和收废品者两者信息双向缺失的问题。一方面,通过在微信公众号“废宝网”上点击“预约收废”,即可实时定位到客户当前所处位置,进入“卖废品”选项,就能为客户提供离你最近的几位“废宝快递员”。且废宝快递员都是实名注册,客户可在网上直接了解到废宝快递员的姓名、距离以及服务星级,从而据此选择自己心仪的废宝快递员进行废品处理。这在很大程度上解决了客户找不到废品回收途径的难题。另一方面,废品回收行业的从业者通过在该平台进行注册,也能极大地扩展自己的业务范围、拓展自己的业务渠道。就像淘宝网能够将买家和卖家聚集在同一平台上,滴滴可以将车主与用车需求者聚集在一起,废宝网服务平台通过将废品回收行业的两端聚集在一起,极大程度上促进了双方的信息交流以及信息沟通,从而有效促进双方开展业务。而且废宝网的“市场行情”板块将各类商品的类别以及近期的价格涨跌幅信息进行公开,使得交易更加透明化与便捷化。

废宝网正是因为从用户角度出发,致力于切实提高用户体验,才能在短短几年内发展迅猛,用户注册数不断攀升,广泛覆盖成都市的众多大小社区,并迅速抢占行业市场份额,实现创新创业的初步成就。

(2)把握群众心理,紧抓时代潮流。由于近年来世界范围内环境污染问题日益严重,各大国际国内公益组织以及主流媒体都在提倡绿色环保、节能减排。且在近年来的诸多重要会议上，党和国家都将大力发展绿色、低碳、循环经济作为当前政府工作的重中之重。四川省第十二届人民代表大会第五次会议第一次全体会议更是重点强调要在四川范围内大力倡导绿色生活、绿色消费、绿色出行，人人参与、人人受益。而在类似微博这种全民社交平台上，类似讨论的话题量更是居高不下。受此影响，从支付宝推出的“蚂蚁森林”掀起的全民抢能量热潮就可看出，当前广大人民群众内心其实都想为节能减排、低碳经济贡献自己的一份力量。

而废宝网服务平台的推出，就很好地为人民群众内心的热潮提供了一个宣泄口。广大市民乐意通过自己的一举一动为绿色、低碳、循环经济贡献自己的力量，且在此过程中，还能获得一定的经济利益，可谓一举多得，而这也是废宝网能够在短短几年内迅猛发展的一大主要原因。废宝网通过成为再生资源回收工作的社会公共绿色平台，为市民提供废旧物品分类回收的渠道，同时将具有一定价值的可回收资源聚集在一起，突破传统废品回收行业回收种类较为单一的藩篱，大力拓展可回收物品的种类，极大程度上促进资源的循环再利用过程。

可见，在创新创业的过程中，要学会把握群众心理，紧紧抓住当前时代潮流，在实现自身价值创新创业成功的同时，为社会进步和改善当前居民生活环境贡献自己的力量。

(3)正确利用互联网平台，聚集优质资源。互联网出现以来，在很大程度上方便了人们的生活，同时也为有创业理想的当代青年找到了一个很好的突破口。众多创新创业者将互联网与其他行业联系起来，打造了很多不同的“互联网+”的概念。而成都废宝科技有限公司之所以能在短短几年内发展飞速，在很大程度上是因为它很好地利用了互联网能够有效聚集优质资源的这一特质。将互联网平台和传统的废品回收行业有效地结合起来，并提出绿色、环保的理念，且其背后的团队由于长期从事再生资源行业，拥有丰富的专业知识，在看到行业痛点的同时也正确捕捉到了行业未来的发展趋势。以互联网平台为突破口，对传统的废品回收行业进行大力革新，努力发展成都市场，并准备在当前市场成熟以后，进军全国市场，从而取得更大的成就。

可见，在当今社会，各行各业的创新创业都离不开借助互联网的东风，就算是诸如废品回收这种极其传统的行业，要想焕发出新的活力，也要正确与互联网进行结合。

思考练习

(1)在各行各业,特别是传统行业中,引入“互联网”的概念至关重要,但这个过程,不能盲目进行,不能仅仅是将互联网的概念流于表面,请选择一个你熟悉的行业,就互联网与之进行结合时需要注意的问题进行阐述。

(2)虽然在当前社会环境下,创新创业热潮不减,但创新创业不能盲目进行,请你对创业者在进行创新创业前需要进行的准备做出相应阐述。

营业收入逐年递增,公司业务不断扩大。

会众科技能够在短短几年时间内由一个7人的小团体发展起来,也离不开其主打职场社交的理念。他们关注客户的心态,着力解决客户困扰。我们知道,参加过各种大中小型会议的人群大多一直都有这样一种困扰:想要在会议中认识行业精英、成功人士,但又担心被他们拒绝,从而引发尴尬,为此进退两难。而使用“会众”软件参加会议的与会人员通过配合与会方会议社交APP就能够有效降低职场人士在会议中与目标合作伙伴建立沟通的难度,通过展示职业身份,快速找到彼此欣赏的合作伙伴,从而有效促进业界的信息交流与人员互动。

“会众”作为一款主打职场会议的社交软件,也考虑到职业人群对信息沟通交流过程中个人隐私问题的担忧,从而提出“会众”有别于其他职场社交软件的一大优势便是对客户隐私的保护,从而使“会众”的使用者能够免于被其他用户骚扰。且成都会众科技有限公司指出“会众”软件的加密处理技术都是来自于BAT的成功经验,其对服务器的加密处理技术使得该公司内部人员都无法了解到相关信息,并且“会众”方也与用户提前签署有隐私保护协议。通过层层技术把关,“会众”有效降低了该软件客户隐私泄密的风险,从而有效提高了客户的体验感与客户黏合度。

(2)创业者性格坚韧,永不言弃。一个初创企业的成就与其背后创业者的个人品格是密不可分的。成都会众科技有限公司能够取得今日的成就也得力于其创始人刘飞先生坚持努力奋斗。

成都会众科技有效公司并不是刘飞的第一个创业项目。在此之前,他经历过失败、挫折,也经历过成功、喜悦。刘飞在第一次由于市场评估出现偏差从而导致创业失败之后并没有一蹶不振,满足于朝九晚五的安逸生活,而是在短暂的上班生活之后又加入一个海外社交应用的创业团队,并在这个项目中小试牛刀,取得了初步成就。也正是这一次经历,让刘飞对社交领域有了深刻的了解。但刘飞并没有满足于现状,而是很快又投入到第三次创业活动中,这便是成都会众科技有效公司的创立。刘飞希望以会议社交为切入点,力求逐步发展成为服务全球职场精英的职业社交工具。

纵观刘飞的创业史,可以发现,他的成功并不是偶然的,在失败时不气馁,在成功时不囿于现状,坚持不懈,努力奋斗,最后才得以成就今天的“会众”。

思考练习

(1)在进行产品开发设计型创新创业时,需要特别重视客户的体验感,请就提高客户体验感做出相关阐述。

(2)一个拥有优秀品质的创业者对企业的创新创业过程是至关重要的,请你结合本案例对创业者品质进行相关阐述。

案例十二　着力村级服务站建设，“安登逸”打通农村电商“最后一公里”

案例介绍

周翔远，成都安登逸商贸有限责任公司总经理。因为一次偶然的经历，他放弃企业高管的身份，转身投入服务乡村经济的创新创业活动中。事情起因于2014年秋，周翔远与一群朋友到乡镇游玩时，在村边小卖部里买到的几瓶“山寨饮料”引起了他的注意——这些“山寨品”包装粗糙，食品安全令人担忧。周翔远意识到，农村零售业缺乏品牌意识，更因为进货渠道杂乱，假冒伪劣产品充斥市场。而市区的社区超市就有正规的连锁品牌，很少有假货。为什么不在农村建立一个可信的服务平台呢？这个想法让他着了魔似的思考起创业的事，周翔远决定规范农村市场进货渠道，让“工业品下乡、农产品进城”，做资源互换。

2015年6月，成都安登逸商贸有限责任公司在郫都区菁蓉小镇成立。很快以安登逸农村连锁网络平台为核心的电商平台正式上线。旗下四大板块互为依托又各有特色，“51买点菜”把安登逸服务站周边的优秀农产品通过网站面向城市销售。农安逸自营在安登逸村级服务站内投放正品货柜，推动工业品下乡。“安登逸”小喇叭实现精准广告投放，企业广告展现在“安登逸”所有服务站覆盖区域。农信通快速收集周边农户信息，可为企业、政府决策提供参考。

送菜上门，网上“51买点菜”安全可追溯

在生产端，“安登逸”农村连锁网络平台与农户直接达成协议，实行农产品溯源制度，确保了农产品质量安全。在销售端，采取消费者定制模式，通过“51买点菜”网站进行商品预先宣传，收到客户订单并待农产品成熟后，再根据订

单量要求让签约农户在农田进行蔬菜收割，并且以最快的速度送到客户家里。

对于跨区域的农产品，“安登逸”只选择特别、优质、耐存放的产品，并实地考察，录入生产者真实信息，要求自己代言以便能追溯源头。“安登逸”在北京、山西、四川、广西、河南、西藏等地均有合作农户并建立直供田，采集当地特色原产地农产品通过应季预售方式，从田间到餐桌通过“51买点菜”网站直接供应。

在郫都区唐昌横山村村民蔡少华是灰羽鸭养殖户，因为养殖规模不大，一直以来都只能起早贪黑，把鸭子带到集市上销售。当“安登逸”出现后，这种持续了好多年的销售方式被彻底改变了，通过网络他家的灰羽鸭被轻松地销售出去，以往每周只能卖出不到五只鸭子，现在每周能卖出20多只。这种改变给了蔡少华很大的信心，他甚至准备扩大自己的养殖规模。

渠道下沉，打通农村电商“最后一公里”

农村电商面临“长物流链+低消费密度”的难题，如果只有“主动脉”没有“毛细血”管将会是怎么样？“安登逸”的布局考虑得细致，从2015年建立以来，现已在成都市的郫都区、温江区、双流区建设超过340家农村连锁服务站，覆盖1000平方千米的农村，惠及农户51000余人。在全国范围内，“安登逸”以村为单位将业务进行到村社、农户家，真正意义上补足农村电商“最后一公里”的短板。

依托现有村级服务站，“安登逸”的运营体系深入农村市场，构建起以村级服务站作为支撑实现基层物流、引导村民消费、提供村级一站式服务的关键节点。

成都西部一带农村片区潜在消费密度较高，不但缓解了线下网点的初期成本压力，还能够在村民购物需求的推动下，建设高黏性的线下运营体系。目前，“安登逸”线下零售业从最初每站每月营收近300元，已经增长到每站每月营收平均达600元，每站每月最高营收超过1000元。

整合创新，未来三年完成1800座村级服务站建设

把握住渠道优势的“安登逸”将资源整合摆在了创新的首位。未来三年，“安登逸”计划在成都地区完成1800座服务站建设。物流体系建设上将依托现有“安登逸”农村服务站，完善站点网点配置，建设和完善农村物流下沉，打通县际、城际及逆向物流。流通体系做好农村农产品流通和县乡村消费品流通。对不同来源、不同消费结构，安登逸项目通过农村服务站和“51买点菜”网

站进行不同业务板块的整合,促进各方面资源有机融合,真正做到在农村“最后一公里”形成跨领域、纵深化发展的农村电商发展新路径,广泛布局的农村服务站站点也将为大数据业务提供支撑,对其辐射范围的商务交易做出及时记录,结合搜集的农村农户相关信息进行大数据分析。

周翔远认为,近年来,互联网不断腾飞,逐渐影响了各行各业,在这种新型模式的冲击下,农村仍有广阔的市场尚未开发。让农民体会到互联网带来的实惠与便捷,才能激发他们对互联网的学习兴趣。只有让更多的个体农业生产者参与进来,在互联网中获取利益,才会使“互联网+农业”走得更加坚实。

案例分析

相关统计资料表明,与我国前些年农村电子商务迅猛发展相比,近年来,农村电子商务增速实际已有所放缓。这也表明农村电子商务在全国大面积普及的同时,已经处于一个历史转折时期,需要进行内涵式发展,与全国大多数产业一样,正处于改革的深水区。而这一系列宏观层面的变化也可从“安登逸”的发展中窥见一斑,其他立志投身于农村电子商务创新的创业者亦可从“安登逸”的创业过程中总结经验,有所收获。

(1)结合行业发展实际进行线上线下运营。前些年,农村电商在帮助企业拓展农村消费市场方面的作用可谓有目共睹,工业品下行成绩显著。但与此相反的是,由于农产品上行需要在农村地区创造一条包括采购、种养、加工、仓储、检验、包装、分销、物流等各个环节在内的新产业链,而农村地区由于受产业基础落后,商品流通环节标准化缺失严重等各方面的因素影响,农产品上行总体规模很小。因此农村电商的业务结构出现明显失衡的状况,农村地区的网络销售规模远远小于网络购物规模,在很多地方农村电商的上、下行业务存在高倍数的购销逆差现象。但如果电子商务仅仅在农村地区发展工业品下行业务虽然在发展初期是可行的,但长远来看,并不利于农村经济的可持续发展。因此,农产品上行与工业品下行齐头并进不仅是农村电商发展的必然趋势,也是一块尚未开垦的肥沃土地。

周翔远正是对农村电商发展的现状进行了详细地考察和仔细地研究之后,才决定走农产品上行与工业品下行同时进行的发展路线。一方面,“安登逸”旗下的农安逸自营通过在“安登逸”村级服务站内投放正品货柜,极大程度上推动了工业品下乡。不仅为农村居民购物提供便利、节约开支,也让农村居民获得与城市居民一样的生活消费产品,极大程度上减小了农村“山寨产品”出现的频率,让农村食品安全得到保障。另一方面,“安登逸”旗下的“51买点菜”通过网上平台对“安登逸”服务站周边的优秀农产品进行宣传,采用预售的方式在农产品成熟之前将其销售给城市中对天然新鲜食物有所追求的居民,并实行农产品溯源制度,确保农产品质量安全,极大程度上促进了农产品上行事业的发展。这不仅实现了当地经济的健康发展,也让农民自身获得了稳定的经济收益。

(2)发展农村电商,助力精准扶贫。习总书记曾指出:“广大青年要坚定理想信念,志存高远,脚踏实地,勇做时代弄潮儿,在实现中国梦的生动实践中放飞青春梦想,在为人民利益的不懈奋斗中书写人生华章!”而周翔远的创业之路正是很好地践行了习总书记对当代新青年的这一寄语。作为曾经的企业高管,周翔远本可以顺顺利利地在原来的人生道路上越走越远,即使是想自主创业,他也有很多其他更好的选择,但他偏偏把目光放到了农村电商这一块难啃的骨头上。这一切的起因都源于他曾在乡镇游玩时的所见所感,乡村泛滥的“山寨产品”,令人担忧的食品安全问题萦绕在周翔远的心头,久久挥之不去。他毅然决然地投入到农村电子商务创新创业中,致力于改善农村经济,保障农村食品安全,并在此过程中实现自身人生价值。

安登逸商贸有限责任公司通过旗下的“51买点菜”板块更好地向外界介绍了西南农村的各种优质农产品资源,通过农产品上行的渠道将当地特色推销出去,不仅显著提高了农村居民的收入,而且实现了当地经济的可持续发展。借助“51买点菜”这个网上平台,亦可在将来对当地除农产品以外的其他优质乡村资源进行推销,如旅游资源、传统工艺品资源等等。在进一步发展自身企业的同时,更好地助力当地经济的良性发展,实现“绿水青山就是金山银山”。

考虑到农村电商存在“长物流链+低消费密度”的难题,长久以来,各种乡村扶贫推动计划受此影响,进展缓慢。如果像城市一样,直接在乡村建立物流配送点,由于消费密度较低的原因,很容易出现亏损。而“安登逸”通过设立服务点的方式,不仅以村为单位将业务进行到村社、农户家,更是真正补足了农村电商“最后一公里”的短板。各个服务点既能充当农村居民消费点的角色,又能发挥物流配送点的作用,把握渠道优势的“安登逸”始终将资源整合摆在创新的首位,预计在未来设立更多的服务站,完善服务站之间的网点配置,实现农村物流下沉,打通县际、城际藩篱,更好地促进农村农产品流通和县、乡、村的消费品流通。在此基础上,不仅实现了安登逸商贸有限责任公司自身的发展,也为当今农村经济的发展提供了更为广阔的平台。

农村由于村民居住较为分散,信息传播速度相对于城市来说较为缓慢,与农村经济发展相关的各种信息收集也较为滞后。而安登逸商贸有限责任公司旗下的农信通板块主要用于快速收集周边农户信息，收集来的信息可为企业、政府决策提供参考，从而有效助力乡村精准扶贫。广泛布局的农村服务站也可与现如今如火如荼的大数据经济联系起来，对农村服务站辐射范围的商品交易进行记录，并对相关农户信息进行收集，构建西南农村消费数据库，并利用数据库里面的信息对当地农村经济进行分析，从而作用于政府的精准扶贫计划。

（3）跟上互联网时代的发展形式。从上文分析可以看出，周翔远的成功离不开近年来互联网行业的快速发展，在这种新型模式的影响下，农村仍然存在广阔的待开发市场。而三农问题作为影响国计民生的重点问题，一直是党和国家工作的重中之重，且近年来提出的乡村振兴战略更是树立了农业农村优先发展的原则。在这种时代背景下，周翔远将互联网与农业结合起来，一直矢志不渝地走农村电子商务发展之路，将个人理想与中国梦的生动实践结合起来，将人生目标与民族复兴结合起来，筚路蓝缕，励精图治，最终取得卓越成就。可见，当代青年在创新创业的过程中，不能仅仅贪图个人利益，而应把个人的人生理想与时代对我们的期望结合起来。在发展个人事业的同时，为祖国的伟大复兴，为人民的安居乐业贡献自己的一份力量，也只有这样，我们的创新创业才能走得更久，走得更远。

思考练习

（1）农村电商发展已经有很多年头了，随着互联网时代的技术发展，运营方式也在不断发生变化，结合案例分析目前农村电子商务需要解决哪些问题？

（2）农村电商面积广阔，差异化大，可以说既有同质竞争又有差异竞争，结合案例说明周翔远是如何实现差异化竞争的？

案例十三　追红逐利终归朴，创新创业无捷路

案例介绍

在如今国家大力提倡“幸福是奋斗出来的”的“大众万众、创新创业”时代背景下，许多大学生在时代的浪潮下都怀揣着一个创业梦。

创业者，创梦者也。2011年大学毕业的陈默也加入了创业者的队伍，接下来，你看到的将是一个大学毕业生陈默的真实创业故事。

追逐互联网的浪潮

2011年的初夏，陈默和他的小伙伴们，怀揣着梦想，带着一腔热情和一丝丝迷茫，走出了校园。那一年，微信面世；那一年，4G试商用；那一年，陈默刚刚加入国企，成为“铁饭碗”中的一员。

在地市的国企，面对如此大的企业，面对经验丰富的老员工老前辈，陈默虽然是初出茅庐，但他有干劲、有技术，且敢想、敢创新，因此，短短3年时间便成为部门的小领导。陈默开始有点自我膨胀、频繁社交接触的人和事也变得不同了。但是，由于其资历有限，待遇也有限，陈默发现每次吃饭应酬的时候在那些合作企业老板面前总是“囊中羞涩”，有老板恭维道：“陈默，你在国企磨灭了你的才华。”慢慢地，他开始策划着怎么用自己熟悉的方式让自己过得潇洒一点，也该好好找个女孩子谈谈恋爱了。那几年，中央巡视一年比一年严，前车之鉴也告诉他，利用职务之便谋私无疑是庸人自扰。而身边的同学、朋友混得好的已经开始买车买房，谈婚论嫁，陈默越发坚定了走出去创业的想法。

2014年，是中国互联网的大年，滴滴、优步挥金如土，外卖崛起，阿里、京东、聚美、微博、迅雷、陌陌纷纷上市，圈儿里的朋友创办的小企业乘着这波红利通过风投快速变现也大有人在，在那一年，只要你有故事，有钱的金主数不

胜数。

这一系列的案例让陈默再也坐不住了。于是，三个好友，一个房间，一份协议，说干就干，“贝恩网络科技”就此成立。他们三人，一个有资源，一个懂资本，一个有技术，如此完美的搭配，让他们充满了干劲，那时候他们合作伙伴已有两人身为人父，经过讨论，大家认为家长对孩子的消费是最没有理性的，而恰巧发生的幼儿园虐童事件把教育安全问题推上了风口浪尖，于是经过深思熟虑，他们的第一款以幼儿教育安全主打的APP——“和宝贝”面世。那时，他们没日没夜地做设计、盯开发、跑市场、找资源，只为快一点孵化出一个示范项目，能够早一点做出一份漂亮的PPT，能够早一点遇上他们的“金主”。

每月1/3的时间都在出差，每晚都会逼着开发快一点，再快一点，每周头脑风暴和项目会雷打不动，慢慢地他们的称呼也从“兄弟”变成了“李总”“刘总”。他们的小企业在那个春天也算是赶上了互联网的大船。不到3个月时间，一个全自投资的实验项目，一份经过反复斟酌的融资方案，一帮圈儿内的朋友相互推荐，他们终于等来了“金主”。100万，200万，300万！少了，少了，还是少了，他们要做西南最好，要做全国幼儿智慧教育行业的领军人，这样的宏伟目标充斥着每个小股东的内心，终于500万的投资来啦！陈默欣喜若狂，仿佛看到了胜利的香槟就在眼前，半年的付出成果即将触手可及，然而在这时候，公司内部出现了不同声音，他们的法人还是嫌少了，经过彻夜长谈，最终他们好高骛远地等着更大的“金主”到来。

现实的冰桶

一个月过去了，三个月过去了，半年过去了，“金主”再也没来过，公司账户告急，孵化的试点项目维护告急，员工工资告急，公司全面告急！股东之间的抱怨开始变多，供应商的催款让他们压力骤增，所有人都在后悔当初的决定，但是路还是得走，他们决定升级他们的产品，从提升他们自己开始，等待下一艘大船。但是现实总是喜欢捉弄人，为了节省成本，他们将开发外包给一家本地公司，同样是一家等待着“金主”的小企业，一个月过去了，开发还没完成，两个月过去了，依然有找不完的借口，最终陈默知道了事实，对方也没钱了，支付不起员工工资，开发终止！一时间，三个股东像无头苍蝇一样，最终他们将对方告上了法庭，想着100%的违约金至少能够让自己长缓一口气，但是他们又错了，对方拿不出一分钱的偿还款。无语、无助、无能为力，现实的冰桶将陈默淋得透心凉，他开始彻夜难眠，脾气暴躁。2015年的夏天，陈默病了，一时间觉得走到了人生的最低谷，病痛的折磨，公司的困境，产品的失败，一时间全部扑面而来，压得他喘不过气来，合伙人也变得萎靡不振，那一年的冬天仿佛提前到来。

痛定思痛，再启征程

红海的巨浪再大，也不如港湾的柔情，商场上的得意、失意，比不上亲人朋友的情谊，于是半年以后，陈默决定振作起来，脚踏实地，从头开始！

当风投的感性趋于理性以后，陈默开始思考怎么“活下去”的问题，在那一年，太多的创业者因为没有想清楚产品，没有明确的用户，没有成熟的规划，在行业内导致这样一个局面的出现:很多企业存在大单看不上，小单不想做的情况。陈默开始接收一些“小项目”的转包，从微信运营到H5页面的开发，只要有一点点利润他都做，别人不做的单子他也做，因为他得活下去，他们搬出了写字楼，在一间民房开始专注于“运营商互联网平台运营”工作，做回了最熟悉的行业，人员也从技术骨干变为才毕业不久的大学生，严格控制成本，不讲故事只做事的理念贯穿着每一个陪陈默走下去的兄弟，一年过去了虽然投入的资本还没有收回，但是他们收获满满，深挖行业痛点，慢慢地他们积累了不少运营商的客户，打造了几个新媒体平台。虽然走出了红海，但是他依然坚信用最初的心，做永远的事，就像贝恩的寓意，像一个孩子一样，学会感恩，在感恩中成长，在成长中壮大，成就最初的梦想！

案例分析

陈默及其合作伙伴在创业红海中的浮浮沉沉，有过年少轻狂，有过机会的错失，但也有过痛后的反思。

（1）借助风投红利，抓住市场热点，孵化示范项目。据CVSource投中数据终端统计，国内创投市场投资金额2014年1月至11月高达98.03亿美元，较2013年同期的40.08亿美元增长了140.27%。而2014年创投的投资方向，无论是投资案例还是资金的规模，最为活跃的都是互联网行业，该领域2014年共计披露457起案例，占比39%；而从募资的金额来看，2014年1月至11月，互联网共计获得投资457次，金额高达52.11亿美元，占总投资额的53.16%，平均单笔投资约为1140万美元。

这一年，阿里、京东、聚美、微博、迅雷、陌陌上市，滴滴、Uber挥金如土，各类外卖崛起，很多小企业也借着这股东风，通过风投实现了快速变现。陈默及其合伙人，正是在这样的大环境下，借助幼儿园虐童事件引发的民众对于教育安全的关注，孵化出了第一款以幼儿教育安全为核心的APP——“和宝贝”，同时也迎来了他们的第一个“金主”——500万元的投资。

（2）放弃“金主”投资，错失良好机遇，公司全面告急。面对风投公司抛出的500万元的投资资金，公司内部出现了不同声音，陈默及其合伙人所创立的公司的法人嫌500万元投资过少，经过一夜的讨论，他们最终选择了放弃，希望能够有更大的“金主”到来。

此后半年，他们再也没有等来任何“金主”，他们等来的是公司在资金方面的全面告急，而此时为了获得更多投资的陈默等人决定升级产品提升自己，但为了节约成本的他们，再次出现了决策失误，选择了一家同样等待投资的小公司外包其开发服务，资金短缺导致开发终止，让整个公司雪上加霜，公司正式进入寒冬。

（3）进行重新定位，转变经营理念，再次扬帆起航。在经历了机会错失、决策失误、资金短缺、身患疾病等一连串的打击之后，陈默及其合作伙伴痛定思痛，对于企业未来的发展规划逐渐趋于理性。面对行业内多数企业大单看不上、小单不愿接的尴尬局面，他们重点思考如何才能在创业的红海中活下去，如何才能顺利上岸，经过深思熟虑，他们进行了重新定位，开始接一些小单，靠着小单慢慢积累起了一批客户，也开始在行业领域崭露头角，企业走出了几年来的困境，再次扬帆起航！

思考练习

（1）什么是创业机会？如何进行创业机会的利用与管理？

（2）创业有风险，企业必须及时充分地认识风险、规避风险，那么创业的风险有哪些显著的特征呢？陈默及其合作伙伴在创业过程中遇到了哪些创业风险？大学生有哪些常见的创业风险？如何规避？

（3）在你看来，创业需不需要融资？什么时候需要融资？创业融资的渠道有哪些？创业融资的选择策略是什么？

案例十四　打通一条产业链，打造一个生态圈——成都尚作农业科技有限公司

案例介绍

7年在成都的奋斗，龙森最初的创业梦终于变成了现实。2010年以电商模式试着解决农业产业化发展问题的成都尚作农业科技有限公司，在龙森的努力下诞生。迄今，公司在职员工近千人，业务涵盖农业科学研究与技术推广、农产品生产与加工、全程冷链配送、农业市场营销与品牌塑造等领域，尚作成为龙森最初想要的全产业链型的农业电子商务平台领先企业。

龙森是“70后”，在做过外贸、IT、商业房地产等行业后，想做一项自己喜爱的、愿意“干一辈子的行业”，于是他瞄准了符合国家产业发展规划、有着广阔发展空间的农业。龙森说：“当时几乎没有运营商，没有实现产销对接。”于是，以电商手段实现产销对接，打通全产业链，建立行业标准成为龙森的创业冲动。

2009年，龙森本着解决三农问题以及响应带动农民致富的政策号召，从IT行业转入传统农业，开始二次创业，创办了尚作农业，与团队共同奋斗至今。

“农业电商发展总体还处于起步阶段，困难无处不在，但我们很乐观。”龙森说。在“尚作”创业开始，他就定下了“以销定产”的生产理念，为保证一年四季都有最新鲜的食材供应，龙森跑遍了整个四川，最终选中了都江堰、青白江、双流、彭州等共计约133万平方米10余个基地，拥有“尚作”质量控制体系下的各类合作养殖基地10余家，养殖面积达13万平方米。

对于行业的未来，龙森充满信心：“成都有400万个家庭，只要有10万～20万个家庭是尚作的消费者就不得了了。”

案例分析

吃饭问题是人类永远无法回避的问题，关键是创业者选择了哪个环节，经营得如何，龙淼的创业项目正是这样一个项目。

（1）政府的扶持为创业项目提供了强有力的支撑。龙淼创业之初之所以选择农业，很大一部分原因是农业符合国家当前产业发展的规划，因此有着更广阔发展空间。在政府解决三农问题和带动农民致富的政策号召下，选择农业作为创业项目，无疑能得到政府更多的优惠政策以及更多的扶持，这对一个新创的创业企业来说，是难能可贵的机遇与资源。

（2）消费者对产品的需求及消费人口基数让龙淼看到了市场前景。随着经济的发展及人们生活水平的提高，越来越多的消费者所关注的不再是能否吃饱，在解决了温饱的基础上，更多的消费者将关注的重点转移到了食材是否新鲜、食品安全能否得到保障等方面。龙淼由此嗅到了商机，决定发展“以销定产”的农业电商，同时为了保证食品的新鲜与安全，大力发展在尚作质量控制体系下的各类合作种植基地、养殖基地。而成都400万户家庭的庞大基数，也让龙淼对未来市场充满了信心。

（3）以电商手段实现产销对接，打通全产业链。在当时农业电商几乎没有运营商，也没有实现产销对接，如何以电商的手段打通农产品产销对接，打通农业全产业链，建立整个行业的标准，推动着龙淼选择该领域作为其创业的项目。在龙淼及其团队的坚持下，通过不懈的努力，成都尚作农业科技有限公司成为龙淼最初想要的全产业链型的农业电子商务平台领先企业。

思考练习

（1）文中龙淼的创业机会有哪些？对发现的创业机会如何进行评价？

（2）创业对社会发展有哪些作用？龙淼尚作农业的创业，具备了哪些社会功能？

（3）目前农民、农村、农业是党和政府十分关注的问题，请收集资料，分析以农村为基础的创业有哪些有利的机会和不利的约束条件？

案例十五　抢抓农村电商机遇，打通农业产业链

案例介绍

长德投资集团菜易通、食易通两大平台协作发展。

长德投资主要经营：项目投资与管理；房地产开发、经营；农产品种植、收购销售；展示展览服务；仓储服务（不含危险化学品）；数据处理和储存服务；花卉、苗木的种植及销售；畜牧养殖；鲜肉、冷冻食品、水产品、日用百货批发及零售。

四川长德投资集团有限公司是一家大型综合股份制民营企业，经过20年的发展，已经成长为物流、农副产品流通、电子商务、房地产等行业的龙头企业。集团首创的“4+1”商业模式，目前衍生出“菜易通、食易通”两大电子商务平台，更构建起以实体为基础、以电子商务和信息化为载体的先进的平台运营模式。

应用场景

春耕之际，蔬菜种植户们大多备耕繁忙，但新都区新繁镇两河村的萝卜种植大户周亮却很悠闲。

他种植了6.67万平方米萝卜，虽然现在还未开种，但收购的订单早已签好。到年底萝卜丰收时，收购方的货车便径直开到田坎，一堆堆萝卜直接换成现金。“种地不再看天吃饭，还未播种便把订单签”，周亮的新潮种植方式源于四川长德投资集团有限公司旗下蔬菜信息综合服务平台——菜易通。通过这个平台，农民可以提前了解蔬菜的市场行情和种植情况，与需求方提前洽谈，达成收购意向，蔬菜还未下种，订单便早已签订，在家轻松上网，全市的蔬菜种植情况一目了然。

只需要在网站上轻轻一点鼠标，成都范围内的500平方米蔬菜信息便可以随时查看，蔬菜种植情况、产地的直供情况、价格指数、市场分析等一目了然。菜易通平台于2013年建立，改变了由于信息不畅通带来的菜农盲目种植、价格大幅波动以及买卖难等实际问题及社会民生难题。目前，菜易通已成为成都地区蔬菜种植户对接市场、了解行情的主要帮手，也成为蔬菜供需的新平台。

在解决农业生产上游产业链整合后，长德投资集团又将视线投向了农产品消费端电子商务。食易通平台也应运而生，市民买菜不再分不清时令菜还是大棚菜，涉农的食品生产厂、特色农产品种植户也获得了一个销售平台，涉农的食品生产厂、特色农产品地植户销售渠道得以大范围拓展，同时由于减少中间流通环节、节约人力成本、物流成本，消费者的购菜成本得以下降。

目前，食易通平台已先后与成都农科院达成战略合作，与成都电视台天府TV达成战略采购合作，并荣获“全国农业农村信息化示范基地”称号。

“数”说发展

自2014年上线以来，菜易通、食易通两大平台呈现出良好的发展态势，一组数据可以清晰地勾勒出菜易通、食易通两大平台取得的成绩。

菜易通：

种植示范基地约15.5万平方米，示范大棚3200平方米；引入品种200余个，适种占25%；亩产提高30%以上；蔬菜分拨中心踏水镇500余户，新繁镇100余户；年度交易额15亿元。

引导种植户推广种植11户，总体上线合作面积15000亩。

注册用户130个（商户开店40户）。

总体上线达成B2B交易3000余万元。

食易通：

合作厂家：300余个。

合作超级代理：3000余家。

合作超市：35000余家。

2016年总体交易额：1.27亿元。

模式点睛

平台构建成为长德投资集团的创新支撑。长德以电子商务和信息化处理为核心，提供产销信息对接、价格监测、市场分析、政策引导、产品溯源等多项功能服务。

实际上，在平台建立之初，长德就对行业有着深入而清醒的认识。在农业生产、销售的链条中，农副产品从资源信息到交易都存在着瓶颈问题，由于缺乏产业资源的交互、交易、整合和管理的平台，农产品贸易、流通呈现出传统、落后的局面。

在平台定位时，长德投资集团着眼于农产品供需信息对接，尝试引入农村供方种植户、专合组织食品初深加工企业，以及需求方农副食品生产商和各级批发商、大型企事业单位，供销对接最终得以实现。

资源整合成为长德投资集团的创新突破口。食易通平台通过对种植基地、食品生产厂、食品经销商、物流运输等产业链资源进行整合，为零售终端、餐饮渠道客户创建一个便捷、权威、实惠的食品线上、线下相结合的采购平台。

而会员制的实行，让客户拥有了多样的产品生产销售渠道，可以驱车前往成都新繁镇“IAIC长德新世贸食品城”实地参观采购；也可以通过电脑、手机等终端设备在食易通网络平台完成采购需求，同时平台将在第一时间完成货物匹配，配送上门。足不出户，方便快捷。

依托食易通建立的实体中转站，既作为食易通网络平台的实体延伸，有发挥着信息查询、新品发布、品牌扶持等重大功能。借助网络平台和实体展示平台，食易通形成了线上线下相结合的农副食品O2O模式。

案例分析

农村电商目前处于初级发展阶段，有些小地方、小镇子，目前还没有涉及电商，市场还有很大的发展潜力。长德投资集团已经形成一套农产品、销售渠道、物流的电商产业链，开始在农村电商市场开疆扩土。

(1)充分利用行业政策及发展机会，自主创建农村电商平台。在国家政策的大力支持下，农村电商市场发展形势较好。对于想要在农村电商市场分一杯羹的创业公司来说，首要解决的问题是要在货源和消费者之间搭建起一座桥梁——农村电商平台。有两种方式可以解决此问题：一种是学习长德投资集团打造自己的农村电商平台，这种方式比较灵活，不仅可以为农民提供需求信息，指导农民种植，还可以将农产品对外售卖给消费者；另一种是借助现有的农村电商平台，如加盟淘宝、京东等的农村电商平台。

长德投资集团打造自己的农村电商平台，菜易通、食易通两大平台协作发展。通过菜易通平台整合上游的产业链，农民可以提前了解蔬菜的市场行情和种植情况，与需求方提前洽谈，达成收购意向，解决了农民的销售问题。而食易通平台将目光投向消费者，为消费者提供农产品，同时由于减少了中间流通环节，节约了人力成本、物流成本，消费者的购菜成本得以下降。长德投资集团通过打造自己的农村电商平台，紧紧抓住了上游农民的货源和下游的消费者，为抢抓农村电商市场做好了充足的准备。

(2)解决行业痛点——“最后一公里”的物流问题。长德投资集团实行会员制，客户只需要在食易通平台上完成采购需求，平台就会在第一时间完成货物匹配，配送上门。想要做好农村电商，物流问题是关键。很多农产品都是在村里，地处偏远，加之村庄比较分散，物流派送成本高。目前，很多物流公司只在县镇级上布点，从而形成了农村电商“最后一公里”的物流问题。因此，这“最后一公里”的物流问题成了抢占农村电商市场的一大障碍，也让很多涉及农村电商的企业步履维艰。长德投资集团恰恰抓住了这一关键问题，实行配送上门，解决了这“最后一公里”的物流问题。

(3)结合互联网技术发展，实施全平台运营。客户可以通过电脑、手机等终端设备在食易通网络平台完成采购，足不出户，方便快捷。农民家里可能没有电脑，但基本每个家庭都有智能手机。手机购物是当前的一种主流模式，可以说，这是一个移动互联网电子商务的时代。如果想要做好农村电商，移动端也必须要下功夫。长德投资集团正是意识到了这点，充分地利用互联网技术促进企业运营发展，真正做到了全平台运营。

(4)线上线下相结合，充分结合客户心态。长德投资集团借助网络平台和实体店铺形成了线上线下相结合的农副食品O2O模式。长德投资集团进军农村电商市场，不仅重视线上渠道，也重视线下渠道。部分村民还没有完全接受电子商务，线下渠道更能够给他们带来安全感，要想深入农村电商市场，线下渠道就不能放弃，同时，线下渠道也为物流配送建立了基础。

思考练习

(1)国家正大力支持农村电子商务的发展，你认为农村电子商务发展的关键要素有哪些？

(2)就你的理解，目前农村电子商务发展存在哪些问题？谈谈你的解决思路。

案例十六　用互联网定制生产，要让世界聆听成都女鞋的声音

案例介绍

阿么女鞋是一个年轻的“90后”电商女鞋团队，自创始以来，坚持走“互联网+女鞋”的路线，立足成都女鞋之都的产业带优势，整合了鞋类产品的各项资源，带动传统女鞋企业转型升级，建立了快速反应的强大供应链，用互联网思维搭建厂商新模式，订单式生产实现厂商一体化战略。创新的营销策略促使阿么女鞋稳居四川地区电商女鞋销量第一名，处于互联网电商女鞋销量领先地位，也为成都女鞋的发展探索出了一条新的路径。

“阿么是最早一批入驻天猫的商家，也是四川省第七家，现在，只有我们活下来了。”阿么女鞋品牌创始人肖龙见证了中国电子商务从无到有，也收获了成长和未来。

产品是商业的灵魂

“那时候39元就可以包邮，销量好但退货率极高。”早在一开始，肖龙便意识到产品才是商业竞争的真正核心，并开始寻找有品质的加工厂，为后来的良性发展打下了坚实的基础。“我们也是最早一批入驻多平台的商家。”主动寻找平台，当当网、1号店、聚美优品、拉手团等等大大小小的电商平台，阿么全部入驻。

“好穿不贵，时尚百搭”，阿么女鞋主要定位中低端市场。2010年销量8万双，2014年销量突破70万双，2017年销量突破213万双。销量虽好，但利润极低，随着鞋业巨头百丽退市及众多鞋企纷纷陷入关店潮，肖龙意识到鞋企生存愈发困难，转型发展势在必行。

“我们要做以用户为导向的高性价比产品。”肖龙认为,消费者越来越鲜明的个性标榜和审美主张,对产品的需求也越来越多样化,小批量快速更新的产品将成为必然趋势,企业要分析消费人群、职业、消费喜好,根据用户数据开发产品,关注用户体验,并以此为导向打磨产品。

90%的阿么女鞋都来自中国女鞋之都——成都,得益于其超级柔性的供应链,阿么可以根据终端反馈做出生产计划,合理控制风险,“提升整体效率的同时也缓解了阿么的库存压力,舒适度极高的纯手工鞋也帮助阿么提高了产品销量”。

初心是前进的动力

多年来,阿么女鞋定价一直都维持在99～199元的区间。经历近十年的积累与成长,阿么累积了近千万客户,并曾创造单日全网销售16万双的业绩,客户黏度极高。“我们尝试过走高端路线,但不适合阿么。”

改变品牌定位,激进开拓市场,阿么在不断试错的过程中成长,肖龙也在试错的过程中坚定了发展的信念,“只做更具性价比的产品”。

肖龙认为,在未来的商业竞争中,“小而美”比“大而全”更有竞争力。近年来,围绕鞋子阿么逐步孵化了众多新的品牌,Ame shoes、康博士、LUIZA BARCELOS(简称LB)、盗梦空间等品牌可以满足不同的人群需求。它“还会尝试更多风格,但一定会专注于‘性价比’”。

坚守“好穿不贵,时尚百搭”的发展理念,是这个草根团队不忘的初心。

面向未来,以打造一流的女鞋品牌和一流的鞋类交易平台为愿景,阿么正在加快前行的步伐,预计2020年整体的销量实现100万双,进入互联网女鞋前列,让成都制造走向世界,与成都女鞋产品带结合在一起并带动成都女鞋的发展。让世界聆听成都的声音!

案例分析

阿么女鞋是随着电子商务的发展逐步成长起来的,也是随着各大平台的发展逐步成长起来的,阿么女鞋充分利用互联网商业平台,充分地把握终端客户的需求,实现了自我的可持续发展。

(1)抓住了电商迅速发展的机遇。随着互联网时代的发展、网民数量的迅速增长以及消费者消费习惯的改变,电子商务交易呈爆发式增长,电子商务成为众多企业和个人常用的交易方式，阿么这一品牌正是成长于这一飞速发展的互联网时代。阿么女鞋搭上了电子商务初期迅速发展的顺风车，成为最早一批入驻天猫的商家，为后期的发展奠定了良好的基础。

据《中国互联网络发展状况统计报告》显示，截至2018年6月，我国网民规模为8.02亿，上半年新增网民2968万人，较2017年末增加3.8%，互联网普及率达57.7%，其中手机网民规模达7.88亿，在上网人群的占比达98.3%。我们可以看到，互联网的普及率已经极高，机遇与挑战并存，阿么在创业初期对机会的把握并在如今的激烈的竞争中存活下来，值得我们思考与学习。

（2）及时根据市场实际情况调整策略、适应市场。案例中的阿么女鞋在创业之路上也并非一帆风顺，阿么女鞋定位中低端市场，最开始讲求的是价格便宜，但很快便发现虽然销量很好，但退货率也是极高的。在此期间，阿么女鞋的销量每年呈倍数增长，但利润却极低。可见，一味以低价吸引消费者并不能使企业在激烈的竞争中取胜，产品本身的品质才是商业竞争的核心。因此肖龙开始寻找有品质的加工厂，为后来的良性发展打下了坚实的基础。

以终为始，消费者的需要才是市场的出发点，因此，肖龙对新一代消费者越来越鲜明的个性化审美导致市场对产品的需求的多样化特征进行了分析，他认为小批量快速更新的产品是女鞋市场发展的趋势，为了企业能够走得更远，他提出“我们要做以用户为导向的高性价比产品”。正是因为能够找准市场需求及其变化，并及时调整企业的策略，才使阿么女鞋能够迅速适应市场，走在行业的前列。

（3）年轻化的创业团队为阿么女鞋注入新鲜力量。阿么女鞋是一个年轻的“90后”电商女鞋团队，年轻的思想为阿么女鞋注入了新鲜力量，“互联网+女鞋”的路线不仅为企业闯出了一片天地，也带动了传统女鞋企业的转型升级，为成都女鞋的发展探索出一条与传统鞋业完全不同的新路径。也正是因为有了这些新鲜血液的加入，才使得阿么女鞋能够深刻理解新一代消费者的需求，及时对企业策略进行调整，为后续的发展开辟了全新之路。

（4）经营理念的坚持使竞争力大幅提升。阿么女鞋十年的创业之路中，虽然经历过几次调整，但不论是提高产品品质还是以需求定生产，企业始终坚持“只做更具性价比的产品”，坚持“好穿不贵，时尚百搭”的发展理念，积累了大量的客户，创造了销量奇迹。

思考练习

(1)什么是创业机会？创业机会的来源有哪些？创业机会如何识别？

(2)一个优秀的创业团队应该具备哪些特征？如果你要进行创业团队的组建，应该注意哪些问题？创业团队的组成程序是什么？

(3)案例中肖龙具备哪些企业家的特征？对你有何启发？

案例十七　互联网验房装修市场的引领者——网众验房平台

案例介绍

不蹲点，不推销，不电话骚扰业主，却有源源不断的客服上门咨询装修业务，得到市场和用户的好评，这究竟是怎样的装修模式呢?

创业者身份的转变

创始人米奇毕业于电子科技大学，十几年间，他的身份从最初的家居行业媒体人，到如今的互联网及移动互联网家居产品链筑梦者，其间经历了两次身份转换，却在创业的道路上勇往直前。

大学毕业以后，米奇最初在《四川日报》经济信息部兼职，从事市场开拓工作，频繁的出差和市场开拓工作虽然辛苦，却让米奇锻炼了敏锐的媒体触觉；而此后在《成都日报》《居周刊》家居版的工作经历，则让米奇积累了大量的家居建材商家资源，2010年初，米奇放弃了传统媒体的工作，进军互联网，代理中国网众公司西南站的家居团购业务。虽然在报纸、电台、公交车以及百度上做了不少广告，但效果甚微。于是米奇就开始思索如何找到突破口，切开家居行业的蛋糕。

2010年，米奇自家装的新房不到两年就出现两个墙面开裂，这件生活中的琐事却为他打开了另外一个机会的大门。米奇开始思考，人人都知道装修市场的痛点，却一直没有人去解决这个问题，如果他能够处理掉这些问题，是不是就找到了市场的突破口?

米奇决定改变思路，暂停原先的家居团购业务，转而为消费者提供验房服务，依靠验房服务积累客源与口碑后再拓展到家居行业的其他业务领域。开始的时候,米奇及其团队对验房完全是外行,只有从基础开始,边干边学,一步步摸索,这一做就停不下来了,为了尽快从外行变成内行,近几年的节假日,他们都是在为业主验房中度过的。米奇说,目前公司有了一套系统的专业验房标准,简称“验房十三步”,也就是“网众验房”O2O模式的雏形。

一站式平台锁定刚需人群

“网众验房”由验房逐步延伸到家具全产业链领域,为购房者提供一站式验房、收房和装修服务。米奇认为:“近年来,移动互联网飞速发展,使得通过线上咨询预约,线下提供专业化、标准化验房服务的方式,精准锁定刚需群体成为可能。”

随着业务进一步发展,“网众验房”被米奇定位为“互联网+验房+监理”的第三方专业验房、监理平台,同步开发出了“我要验房”APP,互联网让客户下单,家装公司与家居建材商家通过平台进行公平抢单成为可能。客户与商家进行直接对接,让他们进行自由交易,实施线上平台管理与线下验房服务,建立一个信息对等、资源共享、合理有序的验房装修市场,减少了交易中间环节。通过业主对商家的自主选择与评分,使商家价格更加透明化,服务更加标准化,让传统冷漠的家装市场逐渐人性化和规范化。

截至2018年,网众验房已经招募了1000余个家居建材品牌、300名优秀的装修工长期入驻,在全国开设上百家的验房业务合作点,累计已为120000余户购房者提供专业验房、收房服务,随着业务逐步完善,米奇对未来充满信心。

案例分析

米奇及其“网众验房”目前的成绩与以下几个因素密不可分:

(1)积累创业资源,奠定创业基础。创业活动的本质,是创业者围绕潜在机会来调动和整合一切可能获得的资源来创造商业价值的过程,这些资源包括创业者自身的物质资本、人力资本及不容忽视的社会资源。创业者是新创企业的核心,其所具有的人力资本、社会资本对新创企业的创建和后续发展具有非常关键的作用。

“网众验房”的创始人米奇毕业后在《四川日报》经济信息部兼职,从事市场开拓工作,练就了敏锐的媒体触觉,而此后在《成都日报》《居周刊》家居版的工作经历,则让米奇积累了大量的家居建材商家资源。这为后来网众验房的成功积累了丰富创业资源。

(2)打破思维定式,找准市场突破口。所谓思维定式,就是按照已有的思维活动、经验教训和已有的思维规律,在反复使用中形成的比较稳定的、定型化了的思维,也称“惯性思维”。在解决问题的时候按思维定式去处理可以省去许多摸索、试探的步骤,缩短思考时间,提高效率。

但思维定式往往也具有很大的消极作用,它不利于创新思考,不利于创造。个人已经形成的知识、经验、习惯都会使人们形成认知的固定倾向,从而影响后来的分析、判断。我们生活中经常会遇到很多人喜欢拿自己过去的经验和认知来对现实的事物或活动进行判断,并采取相对应的措施,殊不知事物是发展变化的。

从案例中可以看出,米奇最开始创业做的是家居团购业务,但不论是通过报纸、电台、公交车还是百度投放广告,最终都收效甚微。如果按照一般人惯常的思维定式来看,企业一定是在营销推广方面出现了问题,需要从推广的渠道及方法等方面去着手解决。米奇却打破思维定式,转换思维,从消费者的需求角度去考虑,找到了市场的突破口,从而开拓了一个全新的家居行业市场领域——验房服务。

(3)具备创业精神,迈入成功之路。创业精神包含两个方面的含义:第一方面是精神层面,创业精神代表一种以创新为基础的做事与思考方式;第二方面是实质层面,创业精神代表一种发掘机会,组织资源建立新公司,进而提供市场新的价值的过程。

从案例中可以看到,米奇大学毕业后十几年间,辞掉稳定工作,从最初的家居团购业务做起,经历了初次创业销量不佳的挫折后,他并没有退缩,而是不断地思考解决之道,找到突破口以后,米奇与其团队勇于面对一个自己完全不熟悉的全新领域,并一步一步稳扎稳打走到今天,成为互联网验房装修市场上的引领者,这一切都与创业精神有着必然的联系,只有具备了创业精神,才能在创业之路上越走越顺畅。

思考练习

(1)创业资源是新创企业创立和运营的必要条件,案例中“网众验房”创始人米奇积累的创业资源有哪些?创业资源与一般商业资源有什么异同?

(2)思维定式既有积极作用也存在消极作用,思维定式的消极作用有哪些?在创业过程中如何打破思维定式?创新创业活动中常见的创新思维方法有哪些?

(3)创业精神的特征和本质分别是什么?创业者应具备哪些精神要素?

案例十八　起步在学校的创业者——冯秉强

案例介绍

成都东软学院2013级数艺系工业设计2班的冯秉强是一个在校大学生创业的一分子。2013年入校没多久，冯秉强就有了自己创业的想法。关于应该如何开始创业，先要对学校相关市场做了一下调查，经过调查，他选定了手机配件这个行业。

选择这个行业的原因主要有：

(1)做手机配件投资较少。这个对于刚步入大学的学生来说是很重要的，由于资金缺乏，所能选择的行业有限。

(2)回报比较快。当时在学校的时候，他从九月份开学以后开始干这行。在校三年多，创业三年多，给自己挣到了生活费、学费，丰富了自己的大学生活，也减轻了父母的负担。

大学毕业，对冯秉强来说是进入了另一个创业的储备过程。作为一个学工业设计的学生，冯秉强先是进入家装行业，成了一名设计师。在做设计师期间，除了做设计，也干过业务，跑过工地，各方面都干过，慢慢地对整个装修行业的流程和细节有所了解。后来在工作中听说做全屋电子行业的利润比较可观，尤其是版式家具，所以就直接辞职进入商场，在红星美凯龙里做全屋电子设计师。做全屋电子设计师的时候，他一边学习，一边进步，感受到如果要在这个行业创业，必须要懂得家具方面的成本等各方面的事，因为设计做的是前端，如果没有弄懂后端的话，就没办法更好地服务前端。

所以他在红星美凯龙做全屋电子设计师几个月以后，就辞去商场的职位，来到了工厂。当时冯秉强的许多朋友、同事都感觉他这个人怪怪的，不理解为什么放着舒适的商场不待，要去艰苦的工厂。工厂在郊区，吃的和住的都比较苦，很多人都没待太久就走了。冯秉强也一次次想要放弃，但他知道他心里面需要的什么。为了弄清楚全屋电子行业家具建材方面的成本，冯秉强在工厂什么都做，做设计，做材料，还操作机器。同时，他在心里计算着假如有一天自己开一个小一点的工厂，需要多少的资金？需要一个什么样的设备？通过几年的积累，他相信自己在两年以后能够真正有自己的公司，能够生产出自己的全屋电子家具。

对于全屋电子家具，它也只是冯秉强在创业过程中的一部分。因为冯秉强在家装行业清楚，懂得了家装，以后懂了家具，再把家具跟家装整合起来，整个市场会更大，利润空间也比较大。同时，市场竞争力更强，性价比更高。

冯秉强的创业心得：

(1)创业准备期，自己要有各种准备，要想好创业前期、后期的各种问题，要把整个事情的细节想清楚。

(2)要坚持不懈。作为一个在校大学生，还是要以学业为主。在学习之余，可以提前感受一下创业的艰辛，对以后的工作、创业都是有好处的，以便以后进入这个社会的时候，可以提前适应社会。

案例分析

大学生创业是一种以在校大学生和毕业大学生的特殊群体为创业主体的创业过程。近年来随着我国社会转型以及社会就业压力的不断加剧，大学生创业逐渐成为在校大学生和毕业大学生的一种职业选择方式。大学生是年轻的高级知识人群，有着较为丰富的知识储备和创造力。但因为社会实践经验与能力欠缺，大部分大学生在创业初期就失败了。

(1)大学生创业的优势：大学生往往对未来充满希望，充满激情；大学生在学校里学到了很多理论性的东西，有着较高层次的技术优势；现代大学生怀揣创业梦想，有创新精神，有对传统观念和传统行业挑战的信心和欲望；在校大学生创业能够提高自己的能力，增长社会实战经验。

(2)大学生创业的弊端：由于大学生社会经验不足，常常盲目乐观，没有充足的心理准备，对于创业中的挫折和失败，许多创业者感到十分痛苦茫然，甚至沮丧消沉；急于求成，缺乏市场意识、必要的实践能力和经营管理经验；大学生的市场观念较为淡薄，不少大学生很乐于向投资人大谈论自己的技术如何领先与独特，却很少涉及这些技术或产品究竟会有多大的市场空间。

(3)大学生创业的基本能力：

①自我认识及创业规划。大学生创业要想清楚地知道自己以后的发展方向在哪里，需要去观察别人，或去征求前辈的意见，再结合自己的实际情况制订一些小的目标，通过确定和实现这些小目标，再慢慢地开始规划自己的人

生。2013年冯秉强入校没多久，就有了自己创业的想法。关于应该如何开始创业，他先对学校相关市场做了一下调查，经过调查，才选定了手机配件这个行业。毕业后，冯秉强又开始为下一个创业进行积累，每一次辞职都有自己的规划和目标，慢慢地实现自己的一个又一个小目标。

冯秉强的创业心得也告诉我们，运营需要强有力的计划管理能力，在创业过程当中，要经常性地提前计划或规划一些事情。在创业初期一定要做好市场调研，在了解市场的基础上创业。一般来说，大学生创业者资金实力较弱，选择启动资金不多、人手配备要求不高的项目，从小本经营做起比较适宜。在制定计划的时候一定要综合各种因素，形成切实可行的动作分解，要将任何可能的细节都考虑在内。而在实施的过程当中要针对当下的具体情况进行，适时做调整。

②创业的胆识和魄力。前期创业者可能会广泛地征求亲朋好友的建议，一旦能够独立自主后，就必须要通过自己的智慧和胆识去决定各种大小事务。当在自主地做出决策时，谨慎是必不可少的，一旦优柔寡断就可能会失去一个绝佳的商业机会。冯秉强的每一次决定也经常受到朋友、同事的质疑，但是他自己心中一定深思熟虑，然后才做出自己的选择。

③团队管理、目标管理能力。创业必须要有明确的目的性。在不同创业阶段需制定明确的不同的目标，并把目标细致地分解。一个团队要想得到长远发展，那么必须得有长远的发展目标，长远的发展目标又可以按阶段分解成不同的小目标，而这些小目标又可以分解到每个相关人。在这个过程当中，作为创业者、主导者，就需要对不同的目标进行统筹和管理。冯秉强就在人生的每一个阶段，从管理好自己的小目标开始。

④学习能力。对于大学生创业者而言，除了学习书本的理论知识外，也要重视学习其他方面的综合能力。市场和行业的竞争日益激烈，必须比竞争对手更快地掌握更多的知识，通过不断的学习使自己处于不败之地。作为一个学工业设计的学生，冯秉强先是进入家装行业，成了一名设计师。在做设计师期间，他除了做设计，也干过业务，跑过工地，各方面都干过，慢慢地对装修行业的整个流程和细节都有所了解。后来做全屋电子设计师的时候也是一边学习，一边进步。再后来辞去商场的职位，来到了工厂也是为了弄清楚全屋电子行业家具建材方面的成本，冯秉强在工厂什么都做，做设计，做材料，还操作机器。

当然，除了这些能力外，大学生创业成功还需要谈判能力、处理突发事件的能力、社会交往能力、健康的身体和心态等。

思考练习

(1)请你分析一下大学生创业所面临的风险主要有哪些?

(2)你身边有哪些大学生在校或者毕业后创业成功呢?你认为他们创业成功主要的原因是什么?

(3)你身边有哪些大学生在校或者毕业后创业失败呢?你认为他们创业失败的主要原因是什么?

案例十九　中国人成功靠人缘
——七蜀茶业

案例介绍

自贡七蜀茶业有限公司是一家集茶叶自产、销售、科研与文化为一体的综合性茶企业，公司位于自贡市自流井区丹桂大街。七蜀茶业的主要产品有花茶、绿茶、乌龙茶、红茶等各类茶叶，主要经营范围包括茶叶销售、加工、陶瓷制品、竹木制品、茶艺培训等。总经理王顺勇现任自贡市茶行业协会理事、自贡市青年创业促进会秘书长、川南双创商会会长助理。

公司自2015年成立以来，快速拓展市场，目前拥有众多的优质合作单位。公司主产茶园基地位于四川省雅安名山县蒙顶山，占地面积约80万平方米，主要生产蒙顶甘露、竹叶青、飘雪、绿毛峰、花毛峰系列等几十种优质茶叶。因其种植地得天独厚的条件和独特的传统工艺，七蜀茶业有限公司持续生产出高品质、安全、健康的茶叶。同时公司与峨眉山、贵州、安徽、福建安溪等区域名产地茶企建立了深厚的合作关系，公司秉着“诚信经营”的理念，“扬福四海”的良好愿望将茶叶销往全国各地。

2014—2018年相继成立自贡市总公司、雅安经销中心、自贡市荣县分公司、自贡市自流井区分公司。

2017年实现年产销1400余万元，其中自贡市场实现渠道全覆盖，其产品还远销深圳、湖南、湖北、江苏、浙江、天津、山西、黑龙江等地。

2017年签约成都东软学院校企合作人才见习实训基地。

2017年签约成都东软学院电子商务合作。

2017年阿里巴巴授予其“年度千城万企先锋会员”称号。

2018年自贡市青年创业促进会授予其“最佳组织奖”。

2018年荣获“自贡市2017年度维护消费者权益示范单位”称号。

王顺勇的创业心得：中国人成功靠人缘。没有好的人缘，不知要失去多少成功的机会，干多少事倍功半的事情。缘是一根无形的磁力线，彼此的情，全赖缘才得以相通。联结人缘，必有主动的一方，你取得主动的地位，你就是有结缘的方法，别人的情，就会向你播撒。许多人认为，依靠自己学习、读书很难进步，但如亲近贤能的师友，彼此探讨学习君子之道，可以养成高贵的人格，在处世待人接物上，就没有不周之处。古人有欲成大志者，必先拜访名师，求师的目的是为了养成高贵的人格，使人际交往做到有礼有节，无不周到之处。世界上不存在全知全能的人。因此，倾听别人的意见和建议，集合众智，就成为人生中必不可少的内容。既然自己并非万能，不可能知晓一切事物，就需要用别人的忠告来弥补自己的不足。要结好人缘就要培养乐于倾听、善于倾听的谦虚品质，无论在哪一个时代，每个人都需要带着谦虚的品质来注意倾听别人的意见，如此则人人都会视你为知己。这是他的人生感悟，他也是因此与茶结缘，让生活更简单，让故事更情长。

案例分析

自贡七蜀茶业有限公司也是大学生创业成功案例之一。王顺勇的创业心得：中国人成功靠人缘。充分体现了王顺勇对人缘的重视，以及人缘在其创业过程中的重要性。

良好的人际关系，不仅能给人生带来快乐，而且还能助人走向成功。创业者在开始创业后必将接触到各种不同类型、身份的人，而接触的人大多都是跟自己的利益攸关的。所以从创业最开始就要学会跟各种人打交道。要尽可能地去结交人脉，认识朋友，舍得给自己投资。在与前辈们的交流和学习当中不断认识到自己的不足，并有针对性地加以完善。

下面是创业过程中获得好人缘的23个细节，“细节决定成败”，供广大创业者参考：

（1）遇人要热情，充满微笑，哪怕是陌生人，不能做出一副冷酷或深沉世故状。

（2）与人握手时，同性可多握三秒钟，而且要有点儿力度，显示你的真诚。异性只能轻握一下四指。

（3）与人说话时，尽量不要打断对方的话，耐心地听别人诉说。同时态度要诚恳、温和，眼睛要看着对方，千万不能斜视，因为这样不礼貌。但又不能长久直视，这样会让对方不自在。

（4）对别人的错误最好不要当场批评，而应悄悄婉转地指出或间接地指出。

(5)坚持在背后说别人好话,不要怕这些好话传不到当事人耳朵里。

(6)有人在你面前说某人坏话时,你只微笑,千万别发表意见或传播。

(7)对任何人都要诚实守信。

(8)与朋友玩牌时,不能耍无赖;运气好时,不能趾高气扬,眉飞色舞,出语损伤对方;运气不好时,不能发脾气。

(9)与朋友一起消费时,稍微大方一些,别显得吝啬小气。

(10)要把别人的行为和动机想得高尚些,并常向对方表达此意。

(11)当你犯错误时,要及时主动认错并道歉,别把脸面看得太重。

(12)见过一次面后,一定要记住别人的全名。如果可能,还要对别人的长处、爱好加以了解,并记住他人的生日。

(13)在各种节假日、生日、结婚纪念日等,尽可能地多发信息给朋友,真诚地表示你美好的祝愿。

(14)与朋友在一起的时候,尽量谈论别人感兴趣的话题,这很重要。

(15)尊重一切人,包括不喜欢你的人。

(16)常常自我批评,而不要自我表扬,但也不要显得过分谦虚,如果这样会让人感到你很虚伪。

(17)不要吝惜你的喝彩声。

(18)绝不能侮辱、嘲笑他人,更不能打击他人。

(19)要知道感恩,感恩也是一种美德。

(20)人多的场合少说话,言多必失。

(21)把未说出口的“不”字改成“我尽力”“我想想看”“这需要时间”。

(22)不要过分地讨好别人,这样你会失去人格魅力。

(23)聚会时,不要因一点小事而生气,以致于破坏了大家融洽欢快的气氛。

思考练习

(1)你认为你的人缘怎样?你认为造成你人缘好/不是很好/很不好的原因是什么?

(2)你喜欢和什么样的人打交道?为什么?你自己是这样的人吗?

(3)创业过程中,你不希望和什么样的人合作?为什么?

案例二十　追梦者黄超

案例介绍

仁众管理公司秉承“仁信德守，众心如城”的企业精神，根据市场的专业化需求，下属13家分公司以科学的解决方案、标准的管理方式、一站式专业服务，提供全方位、多层次、高效率的经营战略服务。公司以“至诚至臻，幸福人生”为企业愿景，凭借先进的人才理念和完善的晋升机制，汇聚了大批顶尖人才，迅速成长为行业领导者，成功布局全产业链并占据主导地位。经过一年的快速发展，不断吸纳各行业顶尖人才，公司所涵盖产业链职员已达两千余人，入驻IFS国际金融中心37F、38F、50F，办公区域近10000平方米，仁众管理致力于为员工打造优越的国际化办公环境。经过市场的磨砺和公司团队不懈的追求，旗下品牌均在技术研发、品牌建设、运营管理等各个方面均取得了瞩目的成绩，得到社会各界的认可，也奠定了“仁众管理”在行业内的地位及影响力。

从学生到销售冠军

2018年1月9日，一个没有雾霾的冬日。成都世纪城会展中心八号馆内，仁众管理公司的年会正在进行。三千多人齐聚一堂，见证刚刚过去一年企业的发展与成就。会场布置得大气庄严，天幕缓缓升起，光影闪耀，宛如星辰大海。忽然，场馆的灯全部熄灭，一束白光直指舞台中央。目之所及，一脸冷峻的黄超带着他的销售男团威风而立：墨镜、黑色皮衣、黑色吉他，唱出黑豹撕裂般的声音：“不必过分多说，自己清楚你我到底想要做些什么，不必在乎许多，更不必难过，终究有一天你会明白我。”刚刚还肃穆的会场被顷刻点燃，场下的欢呼声与尖叫声几乎淹没了台上的《无地自容》……

欣赏一个人，始于颜值，合于性格，久于善良，终于人品。和许多韩剧男主角一样，顶着一张明星脸的黄超拥有令人艳羡的标签：帅气、年轻、潇洒、多金……他出生在衣食无忧的环境里，家族中的长辈大多拥有成功的商业经历。大学毕业后，在同龄人羡慕的眼光中，他选择留在高校工作。学校的生活稳定闲适，但也平淡无奇。看多了长辈在生意场上的风生水起，他心里早已长满了不安分的杂草。

2010年，黄超辞去高校工作，在“要风光到新疆”的内心感召下，去了3000公里外的乌鲁木齐，投身“挣钱容易”的金融担保业。黄超直言彼时的自己“虚荣，又充斥着自我证明的渴望”。

“葡萄美酒夜光杯”，才是他想要的生活。来到新疆后，黄超才发现理想与现实的差距。远离家乡的人脉圈，一切并不顺利。那年新疆的整个大环境和大氛围很紧张，导致金融行业受到了严重的影响。面对如此状况的黄超，为了能拉来业务，一周要驱车数百公里往来于各个市镇、农场、矿区之间。

一次矿井项目的实地核查经历让黄超记忆深刻。那一次，他只身前往地处山区的矿区核查项目。等到了实地才发现，矿井没有电梯直接到作业区，人只能慢慢倾斜着身体走到地下800米深的第二作业面。黄超起初有些犹豫，但想到项目来之不易就顾不上忐忑了。徒步到作业区，矿井下的一幕让他动容：午休时刻，几十个矿工正围坐在布满粉尘的空气中啃着馒头；黑暗中，只能看到头顶的探照灯和每个人对生活充满期待的眼神。那一刻，黄超觉得“自己没有理由不拼”。

之后的黄超在工作上愈发用心：他见过凌晨四点的乌鲁木齐，睡过充满异味的简陋酒店，有过受人冷落的遭遇。凭借耿直的性格与一股冲劲，黄超开始被客户认可，在新疆站稳了脚跟，也终于靠自己挣到了第一桶金。

多年后，已是仁众销售中心负责人的黄超在业务总结会上完成了一次颇为出彩的工作汇报。台下负责点评的总经理朱科有意味深长地讲了这样一段话：“人的出身没法改变，别人比你有钱也并不可怕，最可怕的是比你帅比你有钱比你能干的人比你更努力。”掌声四起……天生销量冠军诞生。

新疆的后两年，黄超进入了当地一家国际联号酒店做管理。酒店管理的经历塑造了他的职业素养，也将他人际交往的“天赋”展露无遗。黄超说自己天生喜欢和人打交道，能接触“三教九流”的酒店很对他胃口。无论是客户、同事、老乡，几次接触下来总能成为朋友。

当时酒店每年都有月饼的产品要出售，并无任何任务考核的黄超只随口在朋友面前提了几句，没想到竟然取得了意想不到的效果：连续两年，“业余选手”的他每年完成的销量比销售部任何一个人都高，这也让黄超身上又多了一个标签——“销售冠军”。

成立龙锅锅

2017年1月,回到成都的黄超成了仁众销售中心(龙锅锅)的负责人。刚成立的龙锅锅只有一人在岗,手上能利用的资源也只有小龙坎的火锅底料。面对人员不足、资源匮乏的客观条件,黄超只好通过直营门店的辅助销售勉强维持。

2017年3月,“方便火锅”突然出现在成都的快消品流通市场,黄超敏锐地感觉到这一品类具有成为“网红产品”的潜质。于是,他和仁众各兄弟部门立刻着手研究产品结构、改进产品设计。考虑到快消品的市场受众大多为年轻人,黄超果断摒弃了传统渠道入手的推广方式,改用微商和网红的推广模式进行宣传。起初不少人担忧微商模式会影响小龙坎原本的美誉度,但销量的井喷印证了黄超的判断。互联网自发的传播模式,为小龙坎衍生品积累了大量复购的忠实粉丝。龙锅锅的销售额很快从年初的几千元增长到几十万元。

随着销售额的不断上升,黄超意识到龙锅锅需要更专业的团队、更精准的宣传推广。他开始大量学习快消品的知识、扩大自己的团队,建立渠道部和市场部;在王府井、伊藤、红旗、舞东风等线下渠道进行铺货,全面把小龙坎的衍生品分布于市场中。

整个2017年,黄超和团队带着公司各类衍生产品参加糖酒会以及国内外各大展会,进行全国性的渠道招商。他通过参加展会收集并分析了市场上的大量竞品,为公司后端的标准化生产提供了很多意见,不断促成小龙坎方便火锅的升级改版,将一个网红标签的方便火锅变成一系列可持续发展的产品。

2017年11月10日,“天猫双11购物节”晚会在上海梅赛德斯-奔驰文化中心盛大举行。现场众星云集,群光闪耀,亮相的各类高科技产品、精致好物也将这场饕餮盛宴不断推向高潮。22:11,主持人华少和张星月手捧小龙坎吉祥物“小龙侠”缓步登台,面向全球7亿观众讲述了“小龙坎方便火锅”的美味与传承。

与此同时,远在成都国际金融中心38楼的黄超和全体同事们,既兴奋又紧张地盯着墙上投屏里的晚会画面以及不断变化着的销售数据。这是仁众的品牌第一次进入面向全球的“双十一”晚会,也成为全国第一个进驻“双十一”晚会的火锅品牌。“没有经验借鉴、没有数据参考,已经辛苦筹备半年,大家的紧张和激动可想而知。”

当晚,阿里生意参谋显示,小龙坎方便火锅产品荣获全网的单品销售冠军。截至11日结束其全渠道销售额高达16557970元,位列行业前茅,黄超和他的销售团队兴奋得彻夜未眠。对他来说，此役对团队的历练比什么都宝贵。

从团队建立到衍生品协同研发，从无渠道商支持到成功覆盖线上线下平台，从糖酒会到海外展会再到双十一晚会……在黄超的带领下，龙锅锅实现了一次又一次从0到1的转变，也逐渐成为仁众泛餐饮生态体系中的重要一环。

如今，黄超更加关注龙锅锅的价值与未来。2018年，黄超希望团队在保持前端发展的同时，将重心回归至后端的产品开发和品控环节，除了现已成功覆盖的伊藤、沃尔玛、红旗、罗森、全家、舞东风等，继续拓宽优质传统渠道。在此基础上，对于渠道开拓并积累下的宝贵资源，龙锅锅都会对其进行整合，并在未来的发展过程中，为整个仁众体系提供强大的渠道支撑。

对于未来龙锅锅的发展，黄超坦言："不希望只局限于食品销售领域。"对黄超而言，"销售"简单点来说就是产品的"买"与"卖"。企业若想长久经营，不被时代淘汰，必定需要因时因地不断转型升级。他甚至提出了龙锅锅要承包全公司员工买房买车业务的构想，"希望在不背离销售本身的情况之下，带领团队做出更多的尝试"。

黄超相信，当他们在餐饮销售领域足够优秀、实力足够雄厚、资源足够丰富之时，便是他们又一次做出转变之时。

案例分析

创业团队是为进行创业而形成的集体。它使各成员联合起来，在行为上形成彼此影响的交互作用、在心理上意识到其他成员的存在及彼此相互归属的感受和工作精神。这种集体不同于一般意义上的社会团体，它存在于企业之中，因创业的关系而联结起来却又超乎个人、领导和组织之外。黄超很感谢能拥有龙锅锅这个年轻的集体，庆幸能成为仁众的一员。毕竟人生无坦途，有跌宕起伏，有波澜不惊，而成长路上的幸事莫过于有人懂你，并和你一同前行。

现代企业越来越重视团队的力量。创业企业在诞生或成长过程中最主要的力量来源一般都是创业团队，一个优秀的创业团队能使创业企业迅速地发展起来。优秀创业团队具有的基本因素有：一个胜任的团队带头人；要有共同的价值观；彼此十分熟悉，彼此信任，能够相互很好地配合的团队成员；创业所必需的足够的相关技能；要有痛苦忧愁，快乐幸福一同分担和分享，荣辱与共的思维；要有不断进取的学习心态，让团队真正成为一个学习型组织；脚踏实地，一步一个脚印的心态；以团队利益至上，要按游戏规则办事。

同时，团队的力量越大，产生的风险也就越大。一旦创业团队的核心成员在某些问题上产生分歧不能达到统一时，极有可能会对企业造成强烈的冲击。一个企业最大的成本不是金钱，而是负面情绪和坏榜样。一个创业团队最大的成本同样来自情绪方面，负面情绪和相互间的不信任，以及成员之间相互解释的时间过长，会耗费大量的精力，对创业伤害太大。运营效率对于前期工作的推进和获取客户的信任都是至关重要的。客户的利益就是公司的利益，公司的长远利益就是从初期客户的愉快合作开始的。

创业本就是一件艰难的事情，只有团队成员同心同力，从决策产生到落地执行都要高效地进行才能迅速开创良好局面。

创业初期，创意可能比较重要，好的创意需要大家群策群力，在决策产生的过程中所有参与者可以畅所欲言，毕竟大家都是“摸着石头过河”，但是一旦决定了，就必须是所有的成员全力保障执行。

思考练习

（1）你怎么理解人际关系对创业的重要性？

（2）创业过程一般包括哪几个阶段？每个阶段应该和自己的团队如何进行彼此配合？

（3）你愿意加入怎样的一个团队？你觉得决定团队工作效率的主要因素有哪些？如何建立一个高效的创业团队？

案例二十一　找准机会，顺势而上——手游行业的探索者马昕

案例介绍

行业带来的机遇

2011年末，苹果公司推出了iPhone 4S，智能手机的使命正在发生变化，随着智能机的普及，人们对于内容的需求日益提升。2012年可以算是手机游戏的元年，一家名不见经传的芬兰公司Supercell在发布了一款叫做《部落冲突》的游戏，把人们对手机机游戏的印象，从《愤怒的小鸟》这样的游戏中转变了过来。而这一年也正好是我在大学的最后一年，因为专业的转变跟不上课程的我，还每天沉浸在无法毕业的恐惧和对如何应对即将踏入社会生活的焦虑之中，完全感受不到早已在疯狂涌动的时代洪流。那一年的暑假过完后，我就将开始我大学最后的一个学年，所以我抱着非常简单的想法去寻找一份实习工作，以便让我在暑假的时间可以养活自己。因为各种机缘巧合，一家叫做Tap4Fun的公司给了我一个实习的机会。这家公司也刚刚改成这个名字，原因是他们A轮的投资商建议他们转到手机游戏行业，所以取了这么个更加像游戏公司的名字。其实在这之前，这家公司主要做iOS应用的开发，在全球市场上也取得了一定的用户体量，但没获得多少利润。

在2011年底，这家公司便立即停掉了所有的应用业务，全力制作游戏，也开始了手游的扩张之路。而我就是在这个扩张时期加入的，那个时候才进入手机游戏业的我根本不了解整家公司是如何运作的，手游业的未来会是什么样，只想着拿着工资养活自己，对自己的未来也没有太多的打算，但实在是进入行业早，处处都太容易，很快我改变了想法。手游在那个年代是个非常稀缺的资源，刚刚切换到智能机的用户，很多都对于层出不穷的新功能兴奋不已，

每天会花大量的时间在商店中寻找新的应用和游戏。虽然苹果已经搭建好了App Store，让全世界的内容和应用都能轻易地在其中找到，但由主机游戏时代转变过来的游戏从业者们，还没有体会到免费游戏商业模式的妙处，用户可以选择的空间并不多，这也就让当时开始做免费游戏增值收费商业模式的公司在这个时代快速地赚得盆满钵满。因为用户主动地寻找，免费的游戏无论质量高低，每天都能自然而然地获取大量的用户，这些用户无论付费能力如何，都会使得这些游戏研发商能够获取流量的流入。

从2012年开始，手机游戏行业营收保持着每年26%的增长率，从2012年到2016年，整体规模翻了5倍。在那个时期，这家公司只有两个部门，因为也只需要这两个部门，一个负责研发，一个负责客服。产品做好了往商店里放，用户可以说是完全从天上掉下来的，做好维护就可以了。在这个手游的拓荒时代，以往在传统游戏行业已经有很多积累的公司（无论国内外的公司都是）还没有关注到，涌现出了非常多的创业团队。2012年数据统计公司App Annie第一次发布全球移动应用开发者收入排行榜，进入前52名的公司只有两家中国公司，而这两家公司居然都来自成都，不是游戏业发达的北上广，其中就有Tap4Fun。

许多新出现的挑战者不断加入这条跑道，每天都能看到新面孔，行业内充满了一夜暴富的传闻和八卦，行业新闻也都是某某公司年终奖发放多少台跑车之类的报道。公司收入的增加意味着从业者的收入也十分可观，即便加入公司不久，作为一个还没有毕业的大学生，我每个月的收入就能够比刚入职的时候翻6～7倍，远远超出我一开始只是想要养活自己的这个预期，所以我在拿到毕业证之后自然毫无疑虑地留在这家公司和这个行业了。

但随着手机游戏行业的兴起，所有的关注也来到了这条赛道，这当中有没有互联网经验的投机资本，也有蠢蠢欲动的游戏巨头，或苟延残喘的端游和网游公司，更多的还是想要从这个新市场中分一块蛋糕的创业者们。从2013年开始整个行业都进入了全场狂欢的气氛当中，任何一个游戏团队的主策划或者程序员，随意拉上一个伙伴，就能开始创业，无论背景如何，都非常容易融到启动资金。数不清的投资者都在对这个概念进行追逐，一瞬间也涌入了许许多多新的风投机构，他们都想赶上移动互联网游戏这班车。

另外，传统的那些游戏巨头，在新浪潮的冲击下生存空间却越来越窄，特别是那些转型困难的企业，相继开始缩减人员规模，这同时也催生了新的一波创业浪潮。Gameloft就是这样的例子，这家总部位于法国的手机公司和他们的兄弟公司"育碧"很早就在中国开设了多个工作室，但这家在Java时代风生水起的游戏公司，转型到新的免费游戏增值付费的商业模式却遭遇了水土不服，不得不相继关停全球好多个工作室。在成都的Gameloft工作室关停之后，这些有多年游戏开发经验的开发者大多都选择了自主创业，或加盟了那些正在兴起的手机游戏公司，Tap4Fun也是在这个时期吸引了大量有经验的开发者。

创业潮的疯狂随即带来了新的问题，很多第一批创业成功的公司产品未能完成迭代，很多公司甚至还没有反应过来。资本和创业者带来了新的冲击，时刻有公司在更强的竞争中跌出队伍。但新加入的竞争者们，也并不一定都具备挑战领先者的能力，大多数都还是生产那些同质化非常严重的产品，并不能让企业在这样的浪潮中存活下来。

这个持续多年的疯狂时期，既有类似莉莉丝这样的企业做出《刀塔传奇》最后流水超过50亿的新闻，也有类似成都几年之间倒闭上千家初创游戏公司的消息。整个蛋糕虽然在极速地变大，但竞争者之间踩踏非常严重，不同公司此起彼伏，景象蔚为壮观。关于大量游戏公司倒闭的新闻传播得很快，市场就帮大多数公司排定了座次，经历完疯狂发展几年之后，大量的创业公司倒下，真正筛选出能够具备竞争实力的公司，资本对于初创的团队也更加谨慎。这波泡沫过去之后，传统的游戏企业有的成功地完成了转型，有的黯然退场，有新的企业加入，也有多数的挑战者死在了门外。虽然和疯狂发展的几年相比，后来的市场显得更加冷清，但却回归到了商业的本质，人们也回到了理性决策的状态。在疯狂发展的这些年中，对于参与的我来说，同样遍地都是机遇和风险，身边既有一夜暴富的故事，也有自杀离场的唏嘘。不过整体来说，因为行业在疯狂地发展，让我得到了大量的锻炼机会。2016年底，因为公司IPO进展缓慢，我感觉自己需要更大的挑战，就离开了Tap4Fun。来的时候是个实习生，离开的时候我已经是他们的市场负责人了。

组建自己的团队

休息了一段时间之后，我开启了一段新的经历，加盟了一家同样主要市场在海外的游戏公司Efun。Efun同样是一家在2012年创业的公司，但和我第一家公司不同的是他们不生产产品，只做产品的分销和运营操作。同样赶上手机游戏的疯狂时代，他们把内地的游戏推向海外市场，在港澳台地区、东南亚和韩国市场都取得了非常好的成绩。刚好在那样一个时刻，Efun想要拓展欧美市场，以及发展面向全球所有市场的游戏产品，但他们缺乏这样的经验。而我的第二份工作主要市场就是在欧美区域，发展了好几个面向全球市场的项目，在运作这几个项目之后刚好需要一个新的挑战，所以在这样的机缘下，我加入了 Efun，从零开始组建一个面向全球市场的团队。

看起来这个新的挑战接近于创业的状态了，一切都由我从头开始去做，但本质还是不一样的，区别在于即使失败我输掉的只是时间和机会成本，不会一无所有，所以相对压力也没有真正创业那么大。但难题依然是存在的，担任一个成熟公司的业务负责人和重新组建一个有竞争力的团队相比要做的事情还是有很大的区别，特别是连我都需要适应新公司的价值观和商业逻辑变化。

在我看来，一个团队能否长期存活或者取得成功，价值观将决定一切，因为价值观决定每个业务决策我们怎么选择，做什么样的事，说什么样的话。这所有的细节累加起来，就是整个团队乃至公司最终的业绩。但要保证业务快速增长的同时还要补充进大量的价值观一致的成员是非常困难的，所以我最终花了大量的时间在招聘成员上，同时也说服了那些以前的团队同事再次一起共事，从成都搬了过来。通过核心成员带动应届生，最终我们终于从一个成功走向另一个成功，向心力非常强，也保证了我们能面对任何挑战。同时，在过去几年的疯狂时期，大量的案例给我提供了非常多的经验参考。在我看来，成功的原因往往都难以总结，因为任何事情的成功都有或多或少的运气成分，但失败案例往往都有着共同点，能够从别人的失败当中吸取教训是非常重要的能力。在行业充满泡沫的时候，人们有时候会忽略商业的本质，以亏损换市场，但常常市场规模有了，但钱却挣不回来了。所以，在任何形式的商业模式中，本质还是获取利润，时刻知道钱怎么来，花到哪里去，开源节流永远是商业核心，谨慎应对亏损状态。

游戏行业是一个非常难以持续成功或者复制成功的行业。从 2012 年开始，我见到的竞争对手和很多同行公司早已不见踪影了，一个产品的成功不代表下一个产品一定还能达到同样的高度，因为危险随时会降临。所以在这个行业，最重要的一点是一定要时刻思考项目为什么成功，到底有多少是运气成分，到底有多少是因为行业整体趋势，时刻保持警惕，才能避免猝死。今年开始，国家限制游戏版号，大量的游戏无法上线运营，一部分瞄准国内市场的公司都过得十分惨淡，即使腾讯、网易这样的巨头股价也受此影响连连下跌，相信不久之后会迎来新一波的游戏公司倒闭浪潮。这更让我们意识到，手游企业的成功和发展，更多得益于行业整体的浪潮和把握机会的运气，个人的努力在其中的影响远没有我们所想象的那么大。当然，这不是说行业增速放缓我们就要放弃奋斗，而是说我们需要意识到很多时候即使我们很努力，也有可能无法取得成功，依然要做好失败的准备。

案例分析

马昕同学从一个手机游戏行业的资深从业者甚至可以说创业者的视角分享了他所经历的行业变化，尤其是在互联网飞速发展及技术变革日新月异的时代，以技术为核心的创业更应该深入思考。

(1)创业团队的重要性。创业团队是在创业初期，由一群才能互补、责任共担、愿为共同的创业目标而奋斗的人所组成的特殊群体。这个创业团队的成员需要是志同道合的一群人，有共同的目标，愿意共同承担责任。马昕同学有提到“一个团队能否长期存活或者取得成功，价值观将决定一切，因为价值观决定每一个业务决策我们怎么选择，做什么样的事，说什么样的话。这所有的细节累加起来，就是整个团队乃至公司最终的业绩”。所以他最终花了大量的时间在招聘成员上，同时也说服了一些以前所在团队的同事再次一起共事，从成都搬了过来。可见，选择团队成员时志同道合的重要性，同时，任何一个加入到创业团队的人都必须深思熟虑，需要很强的学习能力，也需要很强的综合管理能力。

(2)时刻不忘开源节流。越是迫切地需要财富，就越要辛苦努力和勤俭节约，尤其是在创业初期。这个创业故事提醒我们创业者，要“时刻知道公司的钱怎么来，花到哪里去，开源节流永远是商业核心，谨慎应对亏损状态”。还有类似的例子，石油大王洛克菲勒出生在一个小商人家庭，受家庭影响，他很小就已经考虑要通过自己创业来创造财富了。刚开始，他辛苦打工赚钱，攒够5美元的时候买了一本书，这本书告诉他两个字：勤俭。当他领会了书中的深意之后，就开始更加努力地工作并且坚持积蓄，经过5年的努力，他攒够了800元的创业资金，就开始了自己的创业之路。

除了“节流”，对创业企业而言，最关键的就是“开源”，创业需要打开市场，找到客户，建立稳定的现金流，让企业存活下来。为了弄清楚资金情况，早期创业最好能自己记账。除了记账，对于初创企业早期财务管理上有几点需要注意：金钱进出完全自己控制，让客户严格地按照合同约定的付款方式支付，从而建立有效的现金流入预期，也为你以后让团队去控制应收款打下基础。每天或每周定期制作现金余额和应收款项余额报告，让自己脑袋中一直都有这个数字和警告在，这样你才能知道，公司什么时候会断粮，公司能做多大的业务。最后就是梳理自己的业务报表。

(3)学会“知己”。“一定要时刻思考自己为什么成功，到底有多少是运气成分，到底有多少是因为行业整体趋势，时刻保持警惕，才能避免猝死。”很有可能“企业的成功和发展更多得益于行业整体的浪潮和把握机会的运气”。因此，对创业者来说，能够把握行业的整体态势也是能够创业成功的重要因素。

马昕说：“成功的原因往往都难以总结，因为任何事情的成功都有或多或少的运气成分，但失败案例往往都有着共同点，能够从别人的失败当中吸取教训是非常重要的能力。”成功的原因很多，大家不要因为武断地感觉自己所处的行业不对，所处的时代不对，就放弃了机会。这个时候更需要自己不断地学习，不断地成长，当时机到来的时候，才有充分的能力来把握机会。

思考练习

（1）你认为你所处的时代如何？你想从事的行业有哪些？这个行业整体态势如何？

（2）创业过程中，创业者对行业的熟悉和理解能起到什么样的作用？

（3）就你的理解，“开源节流”相当于财务管理中的哪两个名词？现金流的把控对创业企业的发展有哪些作用？

案例二十二　从菜鸟到逐渐成长

案例介绍

择业还是创业

成都琪诺服装有限公司是我毕业离校一年后在我哥哥的指引下慢慢组建起来的，记得那时刚刚出学校，想着自己在学校的时候就是给学校提供西服的，有服装这方面的经验，还有就是在刚刚走出大学校门的时候，就给自己定下了目标，选择就业也要有专业性，只找服装公司投简历。其实找工作也算比较顺利，在面试了两家公司的时候就成功找到了工作。出学校以来一共上了三个月的班，第一个月很幸运地拿来第一份工资1800元，高高兴兴回出租屋，还没怎么高兴起来，和一起住的同学聊天后一下就没有兴奋劲了，他们在京东或地产公司一个月下来就是3000多元，后来想想反正还有两个月就过年了，所以还是咬牙坚持一下，准备等过年后再说。然而，现实非常残酷，第二月1500元，第三个月最后只有1200元。这下我是彻底没有信心做下去了，然后果断跟我们老总说辞职，于是就离开了那个公司，其实现在想想还是觉得自己离开得太早了，有一点后悔没有在公司里面多学一些经验。

新的一年，新的开始，2014年我开始了自己人生中第一次创业。那时是和我同寝室的一个兄弟一起创业，我出房租他出创业资金，于是开始了我们的服装销售。刚开始我们采用了合伙人制度，大家都铆足了力气努力，在刚开始借助自己身边不多的人际关系后，我们慢慢走入了困境，我们的客户资源在不断地减少。而我们在制定制度的时候也没有太多的经验可供借鉴，在利益分配上也渐渐出现了很多合伙人都出现的问题，最后在资金的压力下我们不得不分道扬镳。

再次起航

在经历几个月的初创失败后，自己慢慢地总结经验，咨询前辈后，觉得自己从底层一步一步地走起，所谓“摸着石头过河”是最把稳的事。最开始我认真地咨询了周边的几个政务中心，在对比之后选择了一个在新公司辐射范围最大的区域注册了自己的公司，开始了自己组建团队的辛酸史。注册公司其实比学校里学的简单很多，很多东西都是有模板的，那时直接拿U盘去政务中心找办证的老师拷贝就好了，自己把资料拿回家把公司名字和一些关键的内容改一下就好了。值得注意的是，我们注册好了公司，在选择开户银行上面可以根据自己的实际情况来进行选择，如果我们资金不是很多，最好是选择那些小的商业银行，因为可以减免年费；如果选择那些大银行，比如农业银行、建设银行、工商银行、交通银行等，这些银行管理费很高，对于刚刚成立的公司来说不是很划算，而且以后我们需要更改开户银行是很麻烦的。现在国家扶持小规模企业的力度还是很大的，而且我们也可以更好地节约我们公司运营的成本，在财务方面初期我们只需要请一个财务公司帮我们做，还是比较方便的。在公司一切准备就绪后我们就开始了地产式的销售业务。

不知不觉中已经是2017年了，团队一直在朝着建立一个可持续发展的品牌在努力。其实我们都知道，建立一个品牌是一个长期发展的过程，我们开始为自己的品牌不断地做准备。说来也巧，成都市场在2017年初的时候不知不觉间出现了很多西服私人定制店，经过我们一段时间的了解发现，他们的定位是普通白领以上，产品质量都是高端精品，这是一个非常好的打造品牌的机会。于是我们也筹划起了我们的第一个高端定制店，没事的时候到深圳和上海转了一圈回来，自己都有些后悔了，每次在新闻上面看到工业4.0自己心里一直没有一个准确的概念，现在自己亲身经历才知道那是怎么回事。其实现在做服装这行久了就慢慢地发现，自己以前走的路已经慢慢行不通了，现在环保一天比一天严格，以前传统的销售方式和生产方式迫使我们这类公司不断地走向灭亡。很多大型的服装企业如罗蒙、杉杉、柒牌、雷迪波尔、报喜鸟等大型的生产加工厂全部开始转型到工业4.0上面去了，我们也开始慢慢地和他们合作，让我们的产品品质得到一定的保证同时不断推广自己的品牌，不断地满足客户个性化需要，一件衣服可以千变万化。

高端服务业也只是一个开始，需要学习的地方太多了，现在四川的这个市场环境对我们这些学习者来说是一个学习的海洋，只有不断前行我们才能发现更美好的未来。学习，我们从未停止……

案例分析

(1)经验的积累对创业至关重要。从李彪同学的自述中我们可以看到,他初期的创业失败和缺乏行业经验有很大关系,不了解行业往往会使得创业者在行业中看不到方向。高质量的职场生涯带给创业者丰富的行业、职场经验,对他们创业机会的识别、创业资源的整合以及新创企业的管理等方面都有着帮助作用。尤其是在创业的早期阶段,创业者借鉴其独特的先前经验,对积累的资源与人脉关系进一步利用,可以促进创业顺利进行。当然过于依赖创业经验也有可能会成为桎梏,这一点也是创业者需要注意的。

(2)团队成员的选择。团队的选择这里不做详细的叙述,需要注意的是,合作伙伴是一种合作过程中能力的互补,通过能力的互补达到成功或发展壮大的目的,既然是合作伙伴,就要做到共同投资,有福共享,风险共担,面对困难也应该能够共同面对,否则合作伙伴也许会变成你胸口的痛。

(3)资源的重要性。李彪同学的创业行业选择不是偶然的,是因为他的哥哥一直在这个行业里面。他在校期间兼职工作也是这个行业,并且做了一些成绩,其实我们身边有很多人利用亲朋好友的资源进行创业取得了不错的效果,这些资源可以使得创业者少走很多弯路,同时,亲友所在行业的熏陶也有利于创业者的个人成长。

思考练习

(1)经验对创业者创业有何重要作用?查找资料分析创业者创业最好积累哪些经验?

(2)已经拥有的创业资源对创业者来说有什么作用?结合你自己的资源分析你是否适合创业。

(3)有些创业团队为什么不能“同甘苦,共患难”?这对你未来创业有什么启示?

案例二十三　致力于给每一个普通家庭带来快乐——楠湾犬业

案例介绍

企业业务

楠湾犬业基地，地处素有“海棠香国”美誉的四川省乐山市，犬舍建立于2016年，并于2017年正式成为FCI世界犬业联盟及CKU犬业协会国际永久犬舍，占地40余亩，采用高标准建设，现一期建设有种群繁育优化中心一座，繁殖培育场两座。楠湾犬业基地定位为宠物犬的生态服务商。主要服务方向是以宠物犬为入口拓展用户，构建用户生态社群，基于这个用户社群，通过连接整个产业链的主体（诸如防疫、寄养、护理、营养保健、智力训练、医疗、大赛、繁殖等），为用户提供整个生态链上的服务。

楠湾犬业基地目前以哈士奇犬种为主打产品，进行区域市场规模化拓展的同时，通过构建整个宠物犬行业的生态链，来提升整体的社群价值。未来将以用户为中心，提供基于用户消费场景的产品，满足他们的需求。比如，对接宠物寄养、营养保健、医疗健康、智力训练等机构为用户提供服务。目前，楠湾犬业基地汇集了科研基地、实验孵化基地和教育教学基地，正在构建一个标准化犬舍的大数据模型，依托楠湾犬舍的标准，引入顶级种犬，建立楠湾的血系特点，目标构建种群达到500只，构建全国最大的哈士奇繁育中心。通过产量和质量双重指标，牢牢巩固楠湾犬基地在全国哈士奇市场的优势。

热爱养狗的夫妇

万天平，团队项目创始人之一，自幼热爱宠物犬，后期则有意识地挖掘宠物犬市场，自20岁开始小规模繁殖宠物犬，取得了非常丰富的实践培育经验，对宠物犬的繁殖、培育、疾控等具备了高级技能及丰富经验。如今很多朋友都喜欢养狗,聪明可爱的宠物狗给人们的生活带来了很多欢乐,万天平的梦想就是培育优质的伴侣犬,给每一个家庭带来快乐！万天平的妻子叫李泳仪,刚刚20出头,2014年大学毕业后的李泳仪,放弃了在成都稳定的工作,回到了家乡犍为县下渡乡石龙村,开始了她的养狗生涯。在乐山犍为县,他们夫妇已经成了养宠物狗的行家,并在宠物狗身上找到了商机。

万天平夫妇现在是120多只宠物狗的主人。有人也许会问:"一般人养狗都养个一只或两只,她养这么多狗干吗呀?"原来,他们养的狗,都是用来生狗宝宝的。2016年,万天平夫妇在老家建起了一个面积为1500平方米的犬舍。项目自2016年3月开启至今,年度销售已近百万。目前整体市场仍处在供不应求的情况。接下来他们将会通过构建标准化犬舍带动周边经济发展,带动更多的人进入该行业,创业致富,以此进一步提升市场规模,提升市场的竞争力。

李泳仪说:"我们的犬舍是按照国际化的标准新建的,现在主要品种有西伯利亚哈士奇犬、美系秋田犬、边境牧羊犬、斗牛犬这些品种。"他们饲养的都是纯种名犬,为了培育出最优质的宠物犬,他们曾前往全国很多地方取经学习,还把犬舍建在了远离居住区的地方,在自己的精心照顾下,繁育的幼犬发育好、体型美、皮毛亮,很受市场欢迎。

如今,他们已购进了120只种犬,每年可以生产幼犬600多只,每年带来的纯利润超过50万元。围绕日常生活可以发现,其实很多的商机就在我们身边,"三百六十行,行行出状元"。

案例分析

万天平夫妇选择的宠物犬饲养行业,看似小众,其实大众,并且充分结合了社会经济发展日益繁荣的今天人们对饲养宠物的需求。

(1)经济的快速发展,国民的生活水平的提高,对品质生活有更高的追求,为宠物市场奠定了庞大的基础。全国宠物猫狗数量已有1亿只,消费规模由2016年的1220亿元,上涨至1340亿元,涨幅为10%。估计2020年,中国宠物行业消费总规模将突破1800亿元。宠物行业市场具有消费频次高、客单价贵的特点;且购买者(宠物主)和使用者(宠物)非同一人,属于感性消费。随着人均GDP增长,生活、消费水平提升;加之独生子女政策影响,以及社会老龄化程度加深,越来越多的家庭选择饲养宠物,宠物在家庭中的角色也由"陪伴"转变为"孩子",这样巨大的市场需求为楠湾犬业的壮大发展提供了坚实的基础。

（2）创业者对细分市场进行了很好地把握。中国宠物行业逐步发展，产业链逐步细化，分为上游产品与下游服务。上游产品包括宠物交易、宠物食品以及宠物用品3大领域；下游服务则包含医疗、美容、寄养与保险4大领域。宠物养殖场（犬舍、猫舍）将“专业化”定为未来十年发展的重心，为养宠用户提供更专业的饲养方法。从源头把控宠物品质的同时降低了纯种猫狗的售价，让更多用户接受并有能力购买品质良好的宠物。

思考练习

（1）创业就业中，个人兴趣和行业岗位的匹配度是经常提到的，兴趣与行业契合能够使得项目推进更加具有方向性。你认为兴趣爱好与创业项目该如何平衡？

（2）对于创业者而言，行业的选择是项目成功的关键，根据自身实际，你觉得怎样选择行业才能更符合实际？需要用到哪些相关分析工具？

案例二十四　不断面对挑战的前行者
——上月电脑培训学校

案例介绍

为生活前行的创业者

李上月的创业初衷很简单,他一开始在成都市科分院下一个公司做软件设计,当时公司里硕士生很多,本科生更多,刚毕业不久的自己感到了不足。他很努力地工作,虚心地向一位带他做业务的博导学习,通过自己的努力,总算在计算机软件方面有了很大的进步。"所以有了创业的底气。"李上月如是说。说起创业的动力,他记得非常清楚,这是他一生难忘的经历,当时他是一个人在成都上班,无车无房,也没有亲戚朋友可以依靠,最难过的是,还有几个月孩子就要来到这世界,压力非常大,生存的艰辛促使他产生了创业的动力。"创业更多是为了生活。"他说。其实在我们看来,更有一份沉甸甸的家庭责任在里面。

创业的艰辛

李上月的都江堰市上月职业技能培训学校成立于1998年,前身为都江堰市懋华电脑行,主要经营电脑培训、销售、组装维修及广告文印等业务。在他初期创业的时候,租用的场地只有约30平方米,房租每个月800元,员工有他和怀有身孕的爱人2人,自己既当老板又当员工;当时的设备只有一部公共电话,7台电脑,1台复印机,一台激光打印机;而且他为了投资,借款近6万。

据李上月回忆,他们第一天营业额不到25元,全部来自公共电话。第一个月总营业额不到5000元,其中公共电话费占一部分,打字复印占一部分,培训收入占一部分,给人维修电脑占一部分,省吃俭用利润还可以有2000元左右。然而这些收入中有大部分是都江堰的亲朋好友照顾的生意。第二个月总营业额开始下降，一是因为亲朋好友照顾一次两次可以，长期的话就有点为难，他们单位有自己固定的服务点，且离店面也比较远；二是自己的技术也不成熟，比如打字速度，各种文书排版格式，使用的字体字号等等；三是由于当时硬件设备不是很成熟，打印机、复印机经常出故障，自己不会维修，也会影响生意；四是自己处理做生意的人际关系几乎是白纸，有时候为了一两角钱的事斤斤计较。第三个月生意更加惨淡，回忆起当时的情况，李上月十分感慨，毫无疑问创业失败即将面临，他甚至对选择产生怀疑，更难以接受的是周围人的议论，这对他来说是一种煎熬。1998年，那个年代背着近6万元的外债，还要对即将来到这个世界的孩子负责，他已经没有退路了。

疯狂地学习成长

李上月清楚地记得1998年7月，他不分日夜狂热地学习Windows及Office，随着学习的深入，市场仿佛为他打开了一扇门，当其他培训学校仍用DOS+WPS的时候，他们通过学习已经熟练使用Windows和Office来做事。由于学习深入，并且先行一步，慢慢地客户开始增多，同时他们在做事的过程中逐步积累了大量的文印、广告、计算机安装维修、工程制图的知识技能。

自己学好了才有资格教别人，随着他们对Windows及Office的掌握逐步加深，接着就有一些客户到他们那里请教、学习、培训，几个月后周围的学校和单位都知道他那里有最新最全的Windows和Office技能学习。就这样，不知不觉地渡过难关了，而且略有盈余。他们开始慢慢学待人接客，更加深入地学习CAD工程制图、PhotoShop、Coreldraw等工具软件。自己的专业带来了更多的学习者，从1999年开始到他那里学习培训的人暴增，打字复印及做广告的业务暴增，电脑及耗材销售量也倍增。

成长路上的各种挑战

2000年左右，都江堰的市场开始有所变化，做电脑销售的人越来越多，价格无序竞争白热化，市场鱼龙混杂；打字复印及广告设计市场竞争也在加大，公司技术岗位的人员技术成熟之后就出来自己开店，不好留人，还要担心户外广告安装工人的安全；电脑培训市场也开始无序竞争。李上月在面对这些挑战时并没有退缩，他努力降低人工成本，夫妇一起投入教学，积极学习和应用新技术，积极将自己所学的实践经验用于教学方面，以质量提升让自己在电脑培训市场避免价格竞争，一年后他们在当地脱颖而出。李上月回忆说，他们面临的调整不止这些，还有所有教学点的房东也在给他出难题，不管是签了三年还是五年的房租合同，最后基本上房租都变成一年一涨，2003年变成一个季度一涨，最后变成一个月一涨，完全不按房租合同办事。在这些困难面前，他认为这是一笔财富，虽然刺痛了自己，自己也同样很感激他们促进自己成长。他终于在2004年通过自己的努力购置了教学场地，并认为再也不用担心这些问题了。然而，2008年发生了“5·12”汶川特大地震，总校及各分部损毁严重，学校教学一度陷于停顿，他们最终还是挺了过来。时间在走，他在学习，在成长，在成熟。“上月培训”逐步健康发展，并且提出新的使命、愿景、价值观，成就教职员工，充分给予他们平台，引入虚拟股权机制。李上月说，在创业的过程中，一次次面对困难而没有退缩，除了自己的责任、毅力、努力及对成功的渴望外，自己的家族传统也有一定的影响。他是从温州出来的，有家族创业的传统，从他能说话开始就看到自己父辈在创业，几个哥哥都各自独立创业，听父亲提起过爷爷、曾祖父都是做生意出身，所以在自己身上自然不自然地选择了创业。说起创业后能否成功？他说：“真没有想过，也不知道，心里完全没底。”但是我们相信他会是一个踏实的前行者。

案例分析

（1）创业的路上，需要给自己一个坚持下去的理由。李上月的创业经历看起来很平淡，他的理由也很简单，为了生活，为了爱人和未出世的孩子，改变生活的艰辛成为他创业的原始动机。有一首歌曲可以说是对所有这样一群创业者的写照：“那一天，我不得已上路，为不安分的心，为自尊的生存，为自我的证明。路上的心酸已融进我的眼睛，心灵的困境已化作我的坚定。在路上，用我心灵的呼声；在路上，只为伴着我的人；在路上，是我生命的远行；在路上，只为温暖我的人……”在创业的路上，创业者需要随时感动自己，需要努力坚持，责任往往是一份厚重的动力，不断鼓励创业者前行。

（2）不断地学习成长，使自己成为内行人士。也许有人会说，只要有资金，可以找到更加专业的人士来打理生意，但是对于更多白手起家的创业者来说，这份资金又从哪里来呢？李上月在1998年通过借款6万起家，在那个年代对于普通家庭来说，已经是相当大的债务了，1998年猪肉价3元一斤，大米7角一斤，青菜价3角一斤。在这种情况下，他疯狂地学习，使得自己成为业务内行，至少在都江堰这个地方他的业务走在了前面。如今的社会更是创新的社会，技术变革日新月异，不乏创业者通过技能创业取得成功，技能创业也是创业的较好途径。有实证分析表明，同时拥有业务技能和技术技能的公司比那些只拥有一种技能的公司更容易引入市场创新，并不是所有拥有这两种技能的公司都能从中获利，当创始人拥有技术技能并雇佣更多的业务专家时，公司会从业务技能和技术技能的融合中获得更多的利润。对白手起家的创业者来说，首先成为一个行家十分必要。

（3）面对各种挑战不退缩。创业者面临的挑战是多样的，一次克服了，两次克服了，三次、四次呢？马云说过的一句话就是对这种现象的一种写照："今天很残酷，明天更残酷，后天会很美好，但绝大多数人都死在明天晚上。"坚持是一个创业者面对挑战时应该具有的品质，创业很多情况下就不是一帆风顺的事情，在面对严冬时看谁能坚持下来。成功的创业者往往愿意为了自己的责任及梦想放弃现实的安逸，选择在磨难中坚持，不盲目地随意丢弃，放弃有价值的东西。坚持在创业的艰难时期的作用更为重要，是企业渡过难关重要的精神支持。困难面前退缩放弃后，本来可以解决的问题，在选择不再坚持的那一刻，就已经宣布它永远也无法解决了。创业者要在绝望时看到希望，在迷茫中保持方向，坚持会给创业者力量，也许就多等待那一步就成功了。

（4）家庭环境的熏陶。家庭环境的熏陶是李上月在生活艰难阶段选择创业的重要因素，我们身边有很多创业者就是在这种耳濡目染的过程中有了最初的商业观念，有了最初的创业思维。有不少研究发现，企业家群体的父母大部分也是企业家或者私营业主，家庭所具备的经济资本、人力资源等从小就会对孩子有潜移默化的作用，企业家的孩子在成长过程中不断接触商业交易，积累商业知识以及父母商业的人力资本，形成创业的价值观和态度，机会识别能力更强，对市场的运行规则更加了解，创业能力更强，创业意向更加明显。父母及亲友的创业经验、事件处理能力以及择业观等都会对大学生的创业意向以及创业能力产生重要作用，长期在创业环境熏陶下的家庭更容易创业。当然不是说不具备这样的家庭熏陶就不能创业，创业者需要更努力地去学习这些经验，获取这些能力与资源。

思考练习

（1）查找资料，结合案例分析创业者在面对极端困难时应该怎么做？一个强大的创业动机对创业者克服困难有什么作用？

（2）查找资料分析家庭环境熏陶对创业者创业意识、思维、精神、能力有哪些影响？

（3）创业者是否需要在某个阶段成为行业内行人士？请查阅资料、结合案例进行分析。

参 考 文 献

[1]康桂花,姚松. 创新创业基础[M]. 北京:科学出版社,2017.

[2]康桂花,姚松. 创新创业实务[M]. 北京:科学出版社,2018.

[3]康桂花,姚松. 创新创业实用管理工具与方法[M]. 北京:清华大学出版社,2018.

[4]吴蓉,何欣鸿. 德联集团董事长徐咸大:坚持不懈打造百年老店[N]. 佛山日报,2018-09-13.